何为江南文脉，何为盛世繁华，何为姑苏风雅，何为家国情怀，她用2500多年的时光作答。

隋 开皇九年（589）改吴州为 **苏州** 取州西姑苏山为名

南朝梁 太清三年（549）置吴州，几经更改后仍称 **吴州**

南朝宋 永初二年（421）为 **吴郡**

汉顺帝永建四年（129）**吴县** 为吴郡郡治

东晋 咸和元年（326）吴郡改为 **吴国**

汉高祖六年（前201）**吴县** 为荆国都城

战国 **姑苏** 出现在《荀子》《韩非子》等典籍中

秦王政二十五年（前222）**吴县** 会稽郡郡治，江南地区行政中心

春秋 阖闾间元年（前514）为 **吴国** 都城

商代末年 属 **勾吴国**

北宋 政和三年（1113）苏州升为 **平江府**

元 至元十三年（1276）置 **平江路**

元 至正十六年（1356）平江路改 **隆平府**

北宋 开宝年间 中吴军改为 **平江军**

后梁 贞明三年（917）苏州改 **中吴府**

唐 至德二年（757）吴郡改 **苏州**

唐 天宝元年（742）苏州改 **吴郡**

唐 武德四年（621）吴郡改 **苏州**

清 **苏州府** 先后为江南省、江苏省、苏福省省会所在地

明 太祖吴元年（1367）平江路改 **苏州府**

隋 大业三年（607）吴州改 **吴郡**

隋 大业元年（605）苏州改 **吴州**

元 至正十七年（1357）隆平府改 **平江路**

# TA 们的名字
# 写尽前世今生

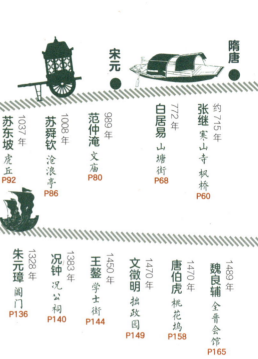

注：标注年份为人物出生年份

潜心匠造的砖瓦亭廊
叠加四季变换的浓墨豪洒
方才成就了这一番江南绝色

晚霞初染
扁舟静候佳人
护城河畔的晚风里
藏着最抚人心的姑苏夜

良辰美景
赏心乐事
来自 600 年前的温柔缱绻
把草木都糅成深情
情之所起
一往而深

# 这座古城，是江南最诗意的表达

一座姑苏城，半部江南史。

这是一段埋藏久远的历史，无声诉说着古城风雨沧桑的过往。

2024 年 6 月 18 日，央视新闻播报了一条消息：江苏苏州金城新村遗址考古首次集中发现大量高等级建筑构件，与秦代祭祀建筑风格高度一致。专家从考古地层、遗物类型和碳 -14 科技测年等多方面实证得出结论，秦会稽郡治所就在金城新村遗址附近，即苏州子城一带。同时还验证了苏州古城位置自春秋时期迄今未曾发生位移，2500 多年建城史与史书记载一致。即是说，确定了秦会稽郡城位置，也就确定了吴国都城姑苏城的位置。阖闾大城就在脚下，是这座日新月异之城的起点。

这项考古成果也为秦朝推行郡县制，实行"大一统"这一史料添加了有力佐证，补齐了子城作为秦朝郡治史实缺失的关键一环，是苏州地域文明探源和城市考古的重大突破。

这些深埋地下的砖石，带着秦时明月的余辉，也连接着更为遥远的记忆，直到 2500 多年前。

公元前 514 年，吴王阖闾重造王城，伍子胥"相土尝水，象天法地"，设计出"大城套小城"规划方案，建造了阖闾城。大城辟有八座水陆城门，奠定了古城水陆并行双棋盘格局的雏形。小城即子城，是吴王居住、理政的宫城，夫差、西施曾在这里演绎过一段家国情仇。后吴国为越国所败，夫差梦碎黄池，城破国亡。到越国归降楚国，春申君封吴，阖闾城犹如泯灭的星辰隐匿在历史尘埃中。

公元前 222 年，秦始皇灭楚，在江南设置会稽郡。彼时的会稽郡领有吴、越两国之地，相当于今天江苏长江以南、安徽东南、上海西部以及浙江北部的广阔地域。

这座古城是一本底蕴深厚的大书，古往今来，无数的人们用生命作印记，在浩瀚册页中留下了或浓墨重彩或轻描淡写，却都属于自己的那一个章节。

项羽来到苏州这方历史舞台时还是个少年。公元前210年，秦始皇巡幸会稽郡时，夹在人群中的项羽说了一句：这个人我可以取而代之。在吴地的岁月中，他成长为一个顶天立地的汉子，在赢得吴地人敬服的同时，也收获了爱情——胸怀勇武大志的他得到了虞山脚下的那个女孩的垂青，她就是虞姬。秦始皇南巡后的第二年，他杀死会稽郡守，率领八千吴中子弟起兵反秦。"力拔山兮气盖世，时不利兮骓不逝。骓不逝兮可奈何，虞兮虞兮奈若何！"在那段波澜壮阔的时代风烟中，吴地的滋养，造就了他勇立潮头的远大抱负。他至死都把江东视作故乡。

滚滚长江东逝水。浪淘尽，千古风流人物。但那些名字，以及镶嵌着这些名字的故事，总会被这座古城深深铭记。

作为苏州人，范仲淹在家乡担任父母官的时间只有16个月，但他留下的政绩，惠泽全城，绵延千年。

景祐元年（1034）六月，深受水灾之害的苏州百姓迎来了他们的新一任知州。范仲淹抵苏后宵衣旰食，吃住在湖滨江岸，带领官民夜以继日筑堤围堰。历时2个月，汹涌的洪水被遏制住了。他上疏提出调离，因为苏州是他的家乡，他要避嫌。但朝廷因后续赈灾济民、恢复生产的任务依然繁难艰巨，驳回了。此后，他拿出自家在南园购买的宅地，建起了规模宏大的府学，请来当时大儒胡瑗主持教务，一时盛况空前，影响遍及全国。此后1000年间，这里始终是苏州教书育人的重地、人才辈出的摇篮。

第二年十月，他因治水有功升迁离去，但始终心系苏州，情牵家乡。他晚年还捐出几乎毕生积蓄在苏州购置田地、设立义庄，资助宗族后人读书、赡养鳏寡孤贫。范氏义庄延续800多年，体现了他高尚的人格和家风，以及源远流长的影响力。

的确，他"先天下之忧而忧，后天下之乐而乐"的家国情怀，"宁鸣而死，不默而生"的斗争精神，"江上往来人，但爱鲈鱼美。君看一叶舟，出没风波里"

诗中所体现的关注民生疾苦的为民情怀，"不以物喜，不以己悲"，淡泊名利、一心为公的博大胸襟，都被一代一代后人景仰着、传承着，一如沧浪亭五百名贤祠中那串长长的名单。这也是这座古城薪火相传、生生不息、永葆青春、持续发展的不竭动力。

时间的脚步走到南宋，平江知府李寿朋为我们保留了这座古城800年前的模样。岁月沧海桑田，容颜一如往昔。这块矗立在范仲淹所建府学中的《平江图》石碑，刻画的苏州城，就是伍子胥的阖闾城：两重城墙俨然，大城城基未变，小城子城依旧，依然保持着建造之初的只开南北西三门布局。

这位了不起的知府，同样为苏州做了大量实事。他在前任修缮城墙的基础上，重建了平江六十五坊市；镌刻了世界上绘制最早的城市地图。还有一个重大贡献是，公开刊刻发行了范成大编撰的《吴郡志》。

范成大是苏州人，晚年退休后殚精竭虑，皓首穷经。这套献给家乡的巨著卷帙浩繁，内容涉及苏州的人文历史、地理风俗等方方面面，近乎无所不包。"上有天堂，下有苏杭""苏湖熟，天下足"等流传至今的名言，均源出此书。

《吴郡志》在名称、内容、体例、史料等方面都有重大创新，被奉为此后中国方志体例的范本、标杆。而将《吴郡志》与《平江图》参照研读，则可以触摸到这座古城历久弥新的跃动脉搏。

历史就这样在前人筚路蓝缕的烛照下得以承续。

一代人有一代人的使命。今天的这座城市，不只是苏州人繁衍生息、繁荣发展的生活空间，也是涵养"不忘本来、吸收外来、面向未来"城市底蕴的文化空间。

品莼鲈而思故家，考文献而爱旧邦。

今天你看到的这本册子，是我们尝试用不同以往的方式向这座古城致以的敬意。在她浩荡奔涌的历史长河中，我们期望它是一朵浪花，虽然微小，但能折射出她的生动气韵和风雅。因为这座古城，是江南最诗意的表达。

中共苏州市委常委<br>
姑苏区委书记<br>
苏州国家历史文化名城保护区党工委书记

# 之
# 理想永远响亮

# 二 曾是人间富贵花

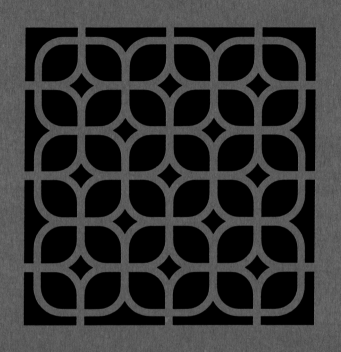

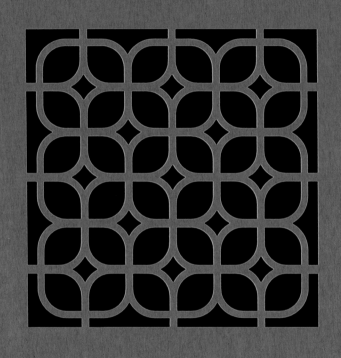

# 风从北方来

生于"蛮夷"，长于勾吴

波澜壮阔里书声琅琅

日月更替中风骨长存

当杂草成为树林

当湖泊化作沃土

历史终于在这里缓缓落笔

# 她的名字叫

# 姑苏

姑苏的名字由来已久，最早可以追溯至中国古代的五帝时期。

大禹曾在苏州治水，一个名叫胥的助手非常得力，事成后受封在此。这片封地因此被后世称为姑胥。再后来，大家叫来叫去转音成了"姑苏"，并转化成了这片土地的雅称。战国时期，《荀子》《韩非子》中已经用"姑苏"代称她。

大禹治水一千年后，泰伯南奔，揭开了吴地文明的新篇章。泰伯取弟弟仲雍（吴仲）的名字，建立勾吴王国，为这片土地刻上了"勾吴"的印记。

此时的苏州，还是个所谓的"蛮夷"之地。泰伯奔吴带来了中原地区先进的生产技术，也为社会习俗带来了清新之风。泰伯三让天下、季札挂剑的故事至今仍然被传为美谈。

打仗，打仗，打仗！这时期绕不开的便是战争。

虽然泰伯带来了北方的文明，但为了争夺土地及人口，各诸侯国之间的战争不断。尤其是吴越混战，连绵不绝，中间还掺杂着宫廷政变等诸多戏码。

在这个背景下，专诸、

# 泰伯南奔，
# 揭开吴地文明新篇章。

要离等刺客盛行，干将、莫邪夫妇二人铸造宝剑，孙武在穹窿山下结庐写就兵法，范蠡、西施泛舟太湖，春申君黄歇治吴……故事层出不穷。

尚武的苏州不缺崇文的因子，乱世之中读书人依旧保持着对知识的渴望。

言偃赴北方"孔子大学"求学，学成归来后和他的师弟澹台灭明传经布道，影响了南方众多地区。他们都位列孔子弟子的"七十二贤"，而言偃成为启发东南文化之先驱，被尊称为"南方夫子"。

春秋时期，吴王阖闾命伍子胥建造苏州大城。此后2500多年的历史中，其规模和位置基本未变，并被后人小心翼翼地呵护至今。

# 如果《封神演义》有前传，
# 男主应该就是他

他叫泰伯，是周氏族首领古公亶父的嫡长子，也是吴国第一代君主。泰伯出生的具体年份不可考，但可以肯定的是，当时正处于武丁时期，商朝正值国力的巅峰，而周，只是一小股被商朝征服的弱小势力。

开局一手烂牌，但古公亶父是个好领袖，在他的带领下，周人开垦荒地，发展农业，建造城邦，安居乐业。身为领袖，壮大氏族是他的使命，他必须选择一位优秀的继承人，继承他的王位，也继承他的意志。古公亶父把目光投向了泰伯……三弟的儿子——姬昌。对，就是后来的周文王。

在那个宗法制日益完备的年代，王位的继承有着严格的制度规定。兄终弟及，父死子继，身为嫡长子的泰伯深知这一点。为了让王位能够名正言顺地传到侄子那里，他选择了退让。我们不知道泰伯那天怀着怎样复杂的心情，又是怎样选定的目的地，我们只知道他带着弟弟仲雍背井离乡，去往荆蛮之地。

"荆蛮"就是江边上的蛮荒之地，也就是现在的江南，其核心区域就是如今的苏州。当时的政治中心和经济中心都在中原一带，而这片"野人聚居之所"，无论组织形式还是技术发展，都与中原差得远。

在这里，泰伯开启了新的副本剧情，他学着当地人"断发文身"，以示不再归家的决心。农业立国，泰伯和他父亲一样重视农业生产，他带领当地人拼命开荒种田，发展社会经济。这无疑为后世苏州从"蛮荒之地"进阶到"鱼米之乡"奠定了基础。

接下来的事情大家也都知道了，周族壮大，文王建丰，武王伐纣，一个辉煌的朝代揭开大幕，历史的进程往前推进了一大步。与此同时，文明的种子也在江南生根发芽，人们开始讲述关于"勾吴"的故事。

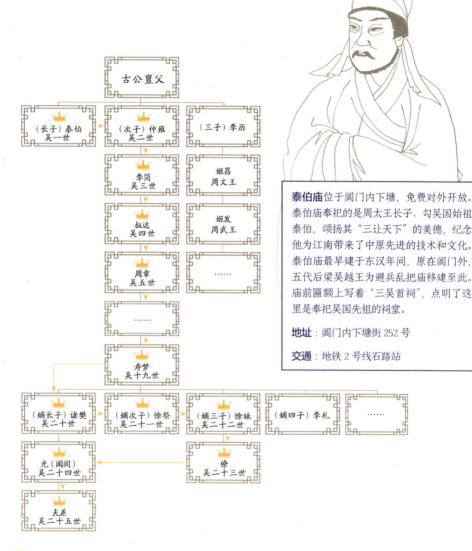

古公亶父

（长子）泰伯
吴一世

（次子）仲雍
吴二世

（三子）季历

季简
吴三世

姬昌
周文王

叔达
吴四世

姬发
周武王

周章
吴五世

……

……

寿梦
吴十九世

（嫡长子）诸樊
吴二十世

（嫡次子）馀祭
吴二十一世

（嫡三子）馀眜
吴二十二世

（嫡四子）季札

……

光（阖闾）
吴二十四世

僚
吴二十三世

夫差
吴二十五世

泰伯庙位于阊门内下塘，免费对外开放。泰伯庙奉祀的是周太王长子、勾吴国始祖泰伯，颂扬其"三让天下"的美德，纪念他为江南带来了中原先进的技术和文化。泰伯庙最早建于东汉年间，原在阊门外，五代后梁吴越王为避兵乱把庙移建于此。庙前匾额上写着"三吴首祠"，点明了这里是奉祀吴国先祖的祠堂。

**地址**：阊门内下塘街 252 号

**交通**：地铁 2 号线石路站

### 冬至大如年

泰伯奔吴，不仅为江南地区带来了先进的生产技术，还带来了周代历法。据记载，周历把冬十一月作为正月，把冬至看作一年的起始，过冬至夜就相当于大年三十守岁。苏州至今仍有"冬至大如年"的说法，所谓"有得吃，吃一夜；吭不吃，冻一夜"，在这一天家家户户都要拜冬、祭祖、吃团圆饭、喝冬酿酒，一切礼仪如过新年。2023 年，苏州冬至习俗还被列入了第五批省级非物质文化遗产代表性项目名录。

皇帝不当，宝剑不要，一个普通『淡人』

他回眼望去，山河辽阔，却无牵无挂。

吴国国君寿梦是他的父亲，父亲看中他，想让他继承王位，他不愿意，于是他的大哥诸樊成了新的国君。为父亲服丧期满后，诸樊想遵从父志让位于他，他再三推辞，隐逸山林。及至后来，国君之位依次传递给他的另外两位兄长馀祭和馀眜（又作馀昧），轮到他时，他依然辞谢，只愿俯首称臣，于是馀眜的儿子僚成为国君。由于他的封地在延陵，世人称他延陵季子。

人们总是不理解他，不理解他为什么不想当国君，不理解他为什么愿意接受公子光刺杀吴王僚的事实。也没什么别的理由，他觉得这样是对的就这样做了，论心论迹，总要知行合一。

他又想起了那柄剑。他第一次出使的时候，会见了徐国国君。徐君是个有趣的人，炽热的眼神快把他身上那柄佩剑盯穿了，嘴上却支支吾吾不好意思讨要。他记在了心里，想，这柄剑该是徐君的了。出使结束，他又来到了徐国，徐君却不在了。他一时愣住，看着那柄剑，他又想起了徐君的眼神。他解下宝剑，系在徐君墓旁的树上，行礼离开。周围的人似是不解为何他要把剑给一个已经不在的人。只有他知道，从那一次见面起，他就已经在心里把这柄剑给徐君了，生与死，又有什么重要的呢？

徐君没了，宝剑还在；国君换了，国家还在。时移世易，他更愿做个将相王侯外的优游快活人。

季札在苏州有着举足轻重的地位，在沧浪亭的**五百名贤祠**中可见一斑。五百名贤祠位于沧浪亭西北角绿竹幽径之处，堂内刻印了2500多年间或生于苏州，或在苏州生活过，做出了卓越贡献的500多位历史人物，其中包括建造姑苏城的伍子胥、开凿山塘河的白居易、苏台览古的李白、屹立在火车站"C位"的范仲淹、虎丘的"广告商"苏轼等一批曾在中国历史上赫赫有名的人物。季札在这些人中仍旧卓尔不群，居于首位。

**地址**：沧浪亭街3号

**交通**：地铁4号线三元坊站

# 言偃，儒学"包邮区代言人"

　　他叫言偃，字子游，"偃旗息鼓"的偃，"游必有方"的游。一个是停止，一个是流动，这样意义迥然的名和字，注定了他一生不平凡的游历。

　　言偃出生于公元前 506 年的吴地，是孔夫子唯一的南方弟子。他出生及成长的时代正值吴楚、吴越争霸时期，战火纷飞，百姓流离失所。动荡的年代容易催生热血青年。"为天地立心，为生民立命，为往圣继绝学，为万世开太平"，那时还没有这样的豪言壮语，但面对这样不安定的局面，言偃决定做些什么。

　　当时的江南地区可以说是"文化荒漠"，于是，言偃背上行囊选择北上。

他去了鲁国,就是现在的山东。好客山东,欢迎每一位前来求学的学子,但山东没有孔夫子——当时的孔夫子已经离开鲁国 13 年了。

又是一番跋涉,言偃终于在卫国遇见了孔夫子,并成为他三千弟子中唯一的南方人。虽然拜师晚,但言偃悟性高、善思考,是典型的三好学生。子曰:"从我于陈蔡者,皆不及门也。德行:颜渊、闵子骞、冉伯牛、仲弓。言语:宰我,子贡。政事:冉有,季路。文学:子游,子夏。"意思就是,文学这门课,言偃排第一。

孔夫子死后的那些年,言偃游历各国,传道讲学。他在北方求学,在北方当官。在他几乎成为北方人的时候,他想起老师的话:"吾门有偃,吾道其南。"他动了回家乡的心思。

言偃什么时候回的江南,什么时候回的吴地,史书并没有详细记载,我们只知道他的回归给江南带来了中原地区正统的礼乐儒学思想。直到唐宋时期,以苏州为核心的江南地区经济、文化飞速发展,南方士大夫开始崛起,言偃成为儒学的"代言人"、一个江南的文化符号。

停止和流动,这位"南方夫子"终其一生,为江南培育出了一片积淀深厚的文化土壤。

**言子书院**,即言子祠,祭祀的正是"七十二贤"之一的言子,即言偃。他擅文学(指历史文献),是孔子三千弟子中唯一的南方人,被尊称为"南方夫子",有"道启东南""文开吴会"的美誉。

清末时,这里曾设为小学校,叶圣陶早年在此执教。

**地址**:干将东路 908 号

**交通**:地铁 1 号线、4 号线乐桥站

# 所谓双向奔赴，源自一往情深

如何平衡事业与家庭？这是个亘古难题。2000多年前，铸剑大师干将也折戟于此。

一日，干将从吴王那里收到了一个"令人心动的炼剑 Offer（录用信）"。受王命铸剑，压力可想而知，但同时铸剑也是他毕生的追求。日复一日，宝剑铸了 3 年有余，而熔化铸剑材料的火候始终差了点。交货日期临近，干将愁得食不下咽、寝不成寐。他的妻子莫邪提出了古法中的以人殉剑一法，干将并不同意。时间不断流逝，交不出宝剑也是一死，于是在一个深夜，莫邪奋不顾身投入剑炉。宝剑终得以铸成，干将却也永远地失去了妻子，于是，他追随爱妻而去。

干将去世后，人们在他住过的地方立了一个牌坊，叫作干将坊。20 世纪 90 年代，干将坊改造拓宽，变成了贯穿古城区东西的一条主干道——干将路。这次改造"折腾"了一众"国字号"的建筑大师、历史名城保护专家、城市交通规划权威性专家，最终保住了古城区"小桥流水人家"的风貌，形成了"两路夹一河"的格局，路中有河，河旁有路。

有了干将，自然要有莫邪。沿着护城河，与干将路垂直相交的一条路就是莫邪路。

2000 多年过去，吴国早已不复存在，冷兵器时代也变成了历史。干将和莫邪变成了东西和南北的两条路，化为守护古城的"利剑"，继续守护着这一方水土。

干将路和莫邪路交汇的地方，叫相门，曾经也被叫作干将门。

站在城墙上眺望，干将和莫邪从远处双向奔赴而来，在这里短暂地相聚，随后又分开，继续朝着各自的方向义无反顾地跑去。岁月静好里藏着决绝的慨然，跨越时间长河，匠心与忠贞绵延不绝。

相门原名匠门，又名干将门，后谐音为"相门"，曾是各种手工工匠聚居之地。宋初，相门被填塞，民国初年重辟，1949 年后被拆除。2011 年，相门城墙修复重建，如今是一个由现代化机械控制的水门。

相门附近的庄先湾路有个夜市，喜欢海鲜、烧烤、小龙虾的人不能错过。这里有盱眙直送的小龙虾，有启东的海鲜，还有作为夜宵来说有点"清淡"的酸菜鱼。和"铁打的"朋友一起，再来上一扎啤酒，大汗淋漓地一起撸串，才是打开夜市的正确方式。

**交通**：地铁 1 号线相门站

13

# 高端刺客只需最朴素的"兵器"——烤鱼

谁能想到,后世以"崇文"闻名的江南,在春秋战国那会儿盛产刺客呢?"首席刺客"就是被司马迁写进了《史记》的专诸。

"既至王前,专诸擘鱼,因以匕首刺王僚,王僚立死。"这是《刺客列传》中对于专诸刺杀吴王僚案发经过的全部描写,其余笔墨几乎都给了伍子胥和公子光,专诸如鱼肠剑一星寒光闪过,转瞬陨落。

史书多为王侯着墨,这无可厚非,但抛开历史的尺度,专诸应该是一个更加有血有肉的存在。

在被伍子胥发掘之前,专诸只是吴国堂邑的一名屠夫。和当时大多数吴地儿郎一样,他豪爽、勇猛、粗犷,以一当十不在话下,唯一的弱点就是怕老婆。但他本人并不觉得这是个弱点,他说:"夫屈一人之下,必伸万人之上!"

在被举荐给公子光(就是后来的吴王阖闾)之后,专诸受到了这辈子从未有过的厚待,也因此,在公子光提出要他刺杀吴王僚的时候,他眉头都没有皱一下。士为知己者死,这是他骨子里不灭的侠气。

为了筹备这趟刺杀,专诸花了很多心思。吴王僚爱吃烤鱼,他便专门到太湖边学习了三个月的烤鱼。接着,在那场酒宴的最高潮,在为吴王僚呈上烤鱼的一刹那,他从鱼腹中拔剑,鱼肠剑穿透三层铠甲,一击绝杀。

自古以来,刺杀这条路都是单行道,专诸的结局是早就注定好的。但一个刺客是否能被载入史册,不在于他刺杀了多少人,也不在于他的结局,而在于他本身。

专诸隐忍坚韧、侠义忠勇,还怕老婆,可以说具备一名优秀刺客或者说是好男儿该有的一切品格。他当然知道自己有去无回,但大丈夫立于天地,不畏生,亦不畏死。

侠之大者,为国为民。侠义造就了专诸,也造就了传奇。这份侠义至今还深藏在苏州人的骨子里,成为千百年来厚植于苏州这方水土的底色。

**专诸巷**位于景德路西端金门口北侧，南起金门口，北至西中市阊门口，全长500余米。当年专诸死后葬于阊门内，墓地荒废后，居民在此建房居住形成小巷。然而《吴门表隐》中却有另一个说法："专诸宅在专诸巷，即石塔庙，就废，移像于关帝庙西偏。"巷子东侧确实有名为"石塔头"的小巷，但其中是否有专诸宅却并不可考。

在漫漫历史长河中，这条小巷几易其名，其中虽有吴语讹传的原因，但也确实和当时的社会背景有极大关联。古时有钻龟壳问吉凶的占卜术，因此最初这条巷子的名字叫作"钻龟巷"。而在清朝时期，苏州成为全国手工业发达地区，尤其是玉器手工业进入了全盛时期，当时有"良玉虽集京城，工巧则推苏州"的说法。由于玉雕行业集中在此，巷名便成了"穿珠巷"。

**交通**：地铁2号线石路站

15

# 不止好看的皮囊，还有有趣的灵魂

街巷，串联着苏州的历史和人文底蕴。它们不仅有古色古香的好看皮囊，还有"尊嘟"有趣的灵魂。

## 落瓜桥下塘

苏州的小巷，有时候起名真的很随意。

传说，北宋宰相吕蒙正年轻的时候非常落魄，穷得只能住窑洞，以乞讨为生。一天，吕蒙正正在桥上行乞，一位好心的老太太给了他一个香瓜充饥，没想到饿得没了力气的他手一滑，瓜就从桥上落了下去，落瓜桥下塘由此得名。

## 胡厢使巷

苏州话中，"厢使"与"相思"极像。相传，这条巷子里曾住着家世显赫的胡姓人家，千金二十仍未出嫁。他家的蔬菜由乡下一家菜农包送。一日，小姐赏花时不小心被石块绊倒，菜农儿子土根上前搀扶。小姐感谢他搀扶之情，一来二去，两人互生好感。小姐的父母不同意，小姐相思成疾，不久后便去世了。从此，胡厢使巷也被称为"胡相思巷"。"相思"巷口还有座"相思"桥——胡厢使桥，是平江历史文化街区内唯一的拱式单孔古石桥，也是苏州古城仅存的七座古石拱桥之一。

## 养育巷

养育巷宋代时便有记载，明代叫羊肉巷。当时，不少藏书人在巷内开羊肉小吃店，由此得名。民国初期，有人钉路牌时玩了个"谐音梗"，就取名"养育巷"了。

如今，这条小巷南段主打装修房子，北段主打鲜花婚庆，充满了各种网红店铺、潮流元素。

## 太监弄

自元代起，朝廷就在苏州设立了织造局，专供皇家丝织物品，并派遣众多官员监管，这些官员就叫"太监"。太监大多住在这条巷子，太监弄因此得名。如今的太监弄，是苏州著名的美食一条街。

# 春秋爽文男主的争霸之路

　　秦始皇有一次东巡，到了阖闾冢。这个地方在阊门外，名虎丘。阖闾墓被埋在水下，"下池广六十步，水深丈五尺"。小道消息称，这里还陪葬了三千口宝剑，时耗、鱼肠之剑皆在焉。始皇帝自然要探一探，毕竟宝剑配英雄，这是何等天经地义之美事啊。

　　此处既然叫虎丘，必然有猛虎镇守，始皇帝当然不会惧怕，以剑击之，误中于石，叮！景点加一。老虎跑了，始皇帝的宝剑掉进了池水里，叮！景点加一。吴王宝剑没求到，秦始皇的宝剑减一，还成全了剑池和试剑石两大景点，苏州赢"麻"了。

　　阖闾到底有没有三千宝剑陪葬，这个真不知道。但是阖闾作为春秋五霸之一的君主，确实是英雄级别的人物。英雄需要配宝剑，英雄更需要得力部下。阖闾就是这样的天选之人，有能力、有魅力、有野望。在"最强猎头"和顶级智囊伍

子胥的张罗下，专诸、孙子等一众人才聚在了阖闾的身边。

筑城郭、设守备、实仓廪、治兵库，吴王阖闾继承他父亲诸樊"南徙吴"的战略思维，将太湖天险当作屏障，委伍子胥建造吴大城，命孙子练兵用兵，终于在公元前506年，发起了历史上著名的"柏举之战"。军队直抵楚国郢都，逼迫楚国作出了迁都的决定。纵览春秋历史，这都是极其厉害的军事行动。

阖闾帮伍子胥报了灭族之仇，伍子胥也助阖闾完成了"兴霸成王"的伟业，就像是一篇现代爽文。这对君臣组合放眼整个中国古代都是第一梯队的存在。后来阖闾在吴越争霸中因脚部受伤而死，像极了"阿喀琉斯之踵"，他也像他父亲一样，战死沙场，成为第二位死在战场上的吴王，respect（致敬）。

如今的苏州古城仍然保持着2500余年前的水陆双棋盘格局，虎丘山、云岩寺塔屹立于苏州城的西北角。如果剑池下真有阖闾棺椁，想必他也在默默守护着他的吴大城。

# 伍子胥，这座古城的初代"设计师"

"相土尝水，象天法地"。那一年，45 岁的伍子胥不仅是吴王阖闾的得力相国，为使吴国更强大，让外敌不能轻易攻打，一颗关于建造阖闾大城的火种在他心中熊熊燃起。

我们脚下的这片沃土曾是当年阖闾口中的僻远险阻之地，"君无守御，民无所依"！眼看这春秋霸业困难重重，正当阖闾头疼之时，伍子胥一拍大腿，"欲安君治民，必先立城郭"！

怎么立？伍子胥化身"地理博主"，把吴国东南西北全部"打卡"踏勘了一遍，就差给阖闾做一个汇报 PPT（演示文稿）了。他发现西南部多高山丘陵，不远处还有浩渺的太湖，而东北部是一片河网密布的沃野，可造良田。最妙的是，这西南部与东北部之间夹着一块广阔的平畴，是强国建城的天选之地。

城址选定后，伍子胥不敢怠慢，测量土地、制订规划、绘出图纸，马不停蹄地送给阖闾过目。在伍子胥的脑海中，阖闾大城由大小两城组成，大城在外，是百姓们生活之所，小城在内，供君王居住，亦为大臣们商讨国事的重要场所。八城门、八水门、双护城河，使得阖闾大城不仅是一座防御严密的军事堡垒，更是一座调节江南水系的水乡泽国。

　　一晃过了千百年，这片土地历经朝野更替，沧海桑田，风云变幻。唯一不变的是，当年的大城小城就是如今的苏州古城址与子城。

　　在南宋绘刻的《平江图》碑上，可见当时的城市风貌依旧是城墙环绕、水陆并行。这是姑苏古城的初代"设计师"伍子胥规划的城市格局，成为江南水乡最显著的特征。

　　2022年9月，考古专家在苏州子城金城新村内发现了厚重的东周至唐宋时期文物遗存堆积，从地层、器物类型、铭文信息和科技测年等多方面实证了当今苏州子城区域至少在春秋战国之际已有较为丰富的人类活动，为苏州古城2500多年城池未变提供了确切的考古证据。

# 古城门打卡攻略

苏州有一条环古城河健身步道，全长大约 15.5 千米，依次经过相门、娄门、齐门、平平、阊门、胥门、盘门等古城门，可绕苏州古城一圈。

平门，和苏州火车站隔河相望，来到苏州的旅客出站即可看到平门城墙。

## 平门

## 阊门

阊门，位于五河交汇之处，也是古时京杭大运河苏州段重要的节点。优越的地理位置使得阊门成为明清时期苏州乃至全国最为繁华的地方之一，曹雪芹在《红楼梦》第一回中就把苏州阊门一带形容为"最是红尘中一二等富贵风流之地"。

## 胥门

胥门，因遥对姑胥山而得名。胥门临近胥江，水运交通便利，原有水陆城门，战国时封闭水城门，元代重建，明清两代重修，民国时拆除。胥门还是近年来流行的"古城天空之门"打卡地，循着城楼的阶梯而上，古朴的大门形成一个天然画框，仿佛走进另一个世界，还可一览古城绝美的风光。

## 盘门

盘门，是国内唯一现存的水陆并列古城门，同时作为京杭大运河苏州段遗产点，被列入世界文化遗产名录。

**齐门**

齐门是苏州古城北面的城门，原有水陆城门，后被拆除毁坏，如今只剩断墙残砖。

**娄门**

娄门，城楼匾额上写有"江海扬华"四字，彰显深厚的人文底蕴。

**相门**

相门，原名匠门、干将门，相传干将与莫邪曾在此铸剑。登临相门城楼，可俯瞰苏州古城与苏州工业园区古今辉映的城市图景。相门城楼之下还有一座苏州城墙博物馆，详尽展示了古城墙的历史变迁。

民国《吴县志》清苏城全图

23

# 芈月，你的初恋到底是谁？

    黄公子，单名一个"歇"字，世人见了都要恭敬地唤一声"春申君"。

    如同春日第一声惊雷，划破长空，震耳欲聋。黄公子的人生剧本，大展扶摇直上的强者风范。

    名门望族的出身，聪慧过人的天赋，都是基础设定。比起早早入仕寻求功名，小黄任性地表示：我有个"周游世界"的小小梦想。于是，得益于从小长远的眼界，几圈溜达、拜师学艺、广交好友后，小黄又叠加了各种"博学""善辩""人缘好"的buff（状态）。

当小黄成长为黄公子，在历史舞台上第一次亮相时，仅凭一封信就让秦国成功退兵，化解了楚国边界岌岌可危的局面。而后，黄公子又玩得好一手"移花接木"，让当时在秦国做质子的太子熊完金蝉脱壳，顺利回楚，即位成为楚考烈王。黄公子也顺理成章地成了楚相，一人之下，万人之上。

说起黄公子后来在封地江东吴国旧墟上的丰功伟绩，怕是几天几夜也说不完，反正姑苏城四纵五横、小桥流水的格局，多亏了他开河修渠的本事。能者多劳，以至于上海、江阴都流传着他的治水事迹。

没有爱情的大男主是不完美的。就像"四大天王""F4"云云，作为"战国四公子"之一的黄公子，必然是有几分英俊姿色在的，要不然也迷不倒"千古第一太后"。

2015年，《芈月传》播出。黄歇与芈月三次邂逅、三次辜负的"爱而不得"，让屏幕前无数男男女女动容。剧中，她是他的青梅竹马，是他愿意用一生守护的女子；他是她的前世今生，是她成为宣太后也难以忘怀的心上人、白月光。只不过，爱情终究抵不过峥嵘岁月，芈太后的心里装了太多，君心依旧又如何。

其实历史上俩人年龄差距甚大，这般可歌可泣的爱情只是编剧构造的一场虚无的梦，但俊美又专一的黄公子，谁会不爱呢？

就像剧里黄歇为救芈月而坠崖，历史上一生辉煌的黄公子，最后也遭人背叛，中刺客埋伏，横死荆门，令人唏嘘。

黄歇在吴地留下诸多踪迹，以其姓或号命名的山、水、道路、学校、店铺不计其数。几百年后的某一天，黄歇这位让人始终难以忘怀的古代版"美强惨"大男主，晋升为苏州的"城隍老爷"，从此以"地方守护神"的身份，护佑着一方百姓。

**春申君庙**是道教庙宇，位于王洗马巷16号，原庙在子城内，明代移此，清代同治年间重修。

景德路94号的**城隍庙**供奉的也是黄歇。

**交通**：地铁4号线察院场站

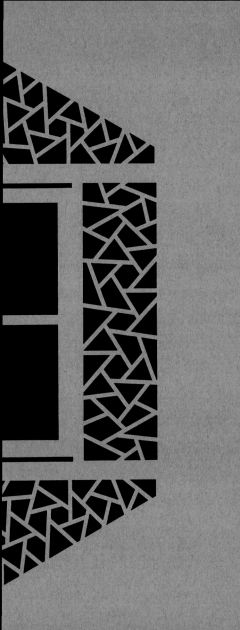

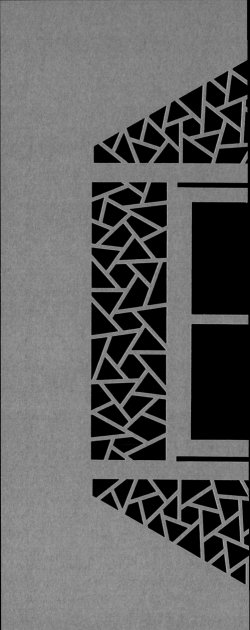

似水柔情里

藏着偾张血性

刂

烈火中长出筋骨

刀戈下搏出血肉

硝烟四起的城墙

却难忘故乡的一碗汤

有人在这里失去

有人在这里找一处温柔乡

# 会稽山下，

# 吴县

## 登场

公元前 222 年，在大一统的前一年，秦国吞灭楚国，在苏州地区置会稽郡，设吴县。那时的会稽郡，管辖 24 个县，范围大致相当于今天的江苏省长江以南、安徽省东南、上海市西部以及浙江省北部。吴县作为郡治，是名副其实的行政中心。吴县之名，也由此而来。

为破坏东南的"天子气"，始皇帝与一众高官东巡会稽，去了姑苏台，去了阳山，去了虎丘……吴县的老百姓目睹了这场声势浩大的巡视，项羽也在其中。始皇帝的担心应该不是多余的。不过 20 年的时间，观众席上的项羽就从吴地起兵，把秦朝掀翻了。

在吴地发迹的还有孙吴政权。孙吴兴教化，修水利，拉拢士族，为崛起打下牢固基础。在这一过程中，周瑜的名字也应该被铭记。历史对他的阐述，

# 吴县作为郡治，
# 是名副其实的行政中心。

除了与小乔的爱情故事之外，还应有苏州这片土地对人才的珍视。

项羽起初逃到吴地时，这里远离政治经济中心。与他一样来到此地的还有后来的东方朔、梁鸿等人。东汉末年以后，大批的北方人纷纷跑到江南避难。众多"新苏州人"的涌入，既带来了劳动力，又带来了新技术。粮食产量提高，农作物品种也开始增多。

苏州地区盛产水生蔬菜，菰菜、莼菜多有种植，并成为地方特产。史上著名的"莼鲈之思"，便是吴地人张翰借口想念家的味道，从洛阳"逃"回了家乡的故事。

从秦到六朝的800多年里，从大一统到混乱，随着各种政治势力的发展，吴县、吴郡、吴州等名字渐次登场，直到隋朝再次统一中国。

# 项羽：要是能重来，你会回江东吗？

"羽之神勇，千古无二"，这是司马迁撰写《史记》的时候对项羽的评价。项羽也是《史记》中唯一不是帝王，却被写进《本纪》的人。那么，问题来了，项羽到底是个怎样的人呢？

项羽出身世家大族，22 岁的他，就曾初生牛犊不怕虎地对着渡江的秦始皇船队大声说道："那个人，我可以取代他！"这可把带他来看热闹的叔父项梁吓坏了，于是赶紧让项羽"闭麦"。毕竟这可是会造成"九族消消乐"的壮语，不敢轻言。

公元前 209 年，项羽在吴中郡东拼西凑 8000 余人，成功拿到了第一"桶"兵。从此一路披荆斩棘，势不可挡。

很快项羽迎来了自己的 25 岁。这时的他已经率领全军渡过黄河，以迅雷不及掩耳之势、破釜沉舟之勇直奔巨鹿。楚军也在他的带领下以一当十，越战越勇。终于，破秦军、捉王离、降章邯。项羽迎来了自己的人生巅峰，自称"西楚霸王"。

后来的事情想必大家也都很了解了。陈平离间了项羽和范增，韩信也攻破了齐、赵等国，对西楚形成了包围之势。

那个曾被项羽放了一马的刘邦却不想在项羽微弱之际放过他。项羽屡败屡战，一路突围到乌江。乌江亭长劝项羽回到江东以图东山再起，项羽却以"无颜面再见江东父老"为由，自刎而死。

嗯，要我说项羽就是脸皮子太薄了，太看重名节了，鸿门宴不杀刘邦，抓住刘邦父母也不杀，回江东明明还有机会就是不肯回。他这么注重名节的人，不适合做帝王，但是确实是个男人，顶天立地的真男人。我猜，这也是司马迁会把他写进《本纪》的原因。毕竟"名节重泰山，利欲轻鸿毛"。

公元前 209 年，项羽与叔父合谋斩杀会稽郡守，控制会稽郡府，自此开启了在吴中起兵、北上起义的进程。那时的会稽郡府设置在**子城**，就是今天的苏州公园及锦帆路一带。

在『皇城』脚下，来一场真正的

City wall《城市漫步》

**锦帆路**

年轻人不能错过的街巷，文艺范十足。古街巷的历史韵味、新兴店铺的潮流风向、文艺场馆的艺术情怀，在这条街上碰撞，衍生出了丰富的时代火花。随机走进一家小店，都会有意想不到的惊喜。

**章太炎故居**

1934 年，67 岁的章太炎带着夫人汤国梨定居苏州。同年 7 月，"寓于锦帆路"，也就是现在的章园所在地，后创办了"章氏国学讲习会"。2011 年，章太炎故居被列为江苏省文物保护单位。2023 年，修缮后的章园在恢复太炎先生生活场景的基础上，变成了以国学为主题的，集合了书店、展览、文创、茶咖、文化沙龙等功能为一体的多元文化空间，古吴轩书店（章太炎故居店）就在这里。

**3** 乐益女中旧址

体育场路上有一片看上去颇有年代感的建筑，门头上写有"乐益女子中学校"。虽然眼前的建筑已经翻新改造，但历史的厚重感仿佛从一草一木间渗透而出。百年前，柳亚子、叶圣陶、匡亚明等能人志士在这里教书育人。踏在前辈耕耘的土地上，脑海里仿佛能够重现一辈人的黄金时代。

**4**

**五卅路**

1925 年，苏州人民对五卅运动进行声援和募捐。运动结束后，人们填平了皇废基空地，将贯通南北的小巷开辟为大马路，命名为"五卅路"，并立碑纪念。

## ⑤

### 苏州公园

苏州人称"大公园",是苏州第一座现代公园。1920年,江阴旅沪巨商奚萼铭捐资5万银圆筹建大公园,先由苏州工专土木科学生测绘平面图,再交上海公董局法国园艺家若索姆规划设计。曾经的苏州公园中心花坛区有一座规模宏大的欧式建筑,名为吴县县立图书馆,可惜的是"殉难"于炮火当中,现已无残迹可寻。如今的苏州公园仍是古城区居民常去休闲健身的公园,也是不少苏州小孩的童年记忆。

## ⑥

### 金城新村

1949年5月8日,第三野战军副司令员粟裕率领上海战役临时指挥部成员从常州进驻苏州,在金城新村指挥解放上海战役。1951年,金城银行将金城新村售归王季勉。1951年10月,金城新村改为苏南人民行政公署苏州专员公署驻地。

1号楼有个苏作馆苏州旗舰店,集中展示和销售苏绣、缂丝、宋锦等非遗门类和非遗品牌产品。

### 同德里

20世纪30年代，皇废基边的一片鱼塘上建起了当时在上海滩非常时髦的石库门建筑，取名"同德里"。除了同德里，五卅路边还建起了同益里与信孚里，如今这里成了"潮流公寓"的集中地。

7

### 皇废基

拐进皇废基的时候，便来到了大片凌霄花的主场，它们开满了一整面墙。皇废基，这条不足百米的小巷，曾经很悲怆，如今很传奇。随着当年张士诚的一把火，这里成了废墟，也成了禁忌，因此得名"皇废基"。民国时期，皇废基才开始动土改造，才有了如今的体育场、大公园、五卅路……

# 是几时，孟光接了梁鸿案？

　　阊门往东不到一里就是皋桥。皋桥的"皋"是望族皋伯通的"皋"，但是在这里更有名的，是寄住在皋伯通家的梁鸿和孟光，也就是"举案齐眉"故事的主人公。

　　第一次听到"举案齐眉"这个成语的时候，我对于一位女士能把装着饭菜的桌案举得这么高，是由衷敬佩的——此女一定臂力惊人。果然，《后汉书》里提到孟光，说她"力举石臼"。她谁都看不上，不愿意嫁人。直到梁鸿出现，父母问她想嫁谁，她只一句，"欲得贤如梁伯鸾者"。

　　梁鸿父子的人生颇为神奇。父亲曾掌管京城守卫，还封了伯，要说富有，但是死后却没钱安葬，只拿个席子草草了事；家里没钱，儿子却进太学读书。儿子理应前途光明，毕业后却去皇家园林放猪，结果这份看似是铁饭碗的工作还出了

岔子——他放猪不小心把别人家给烧了。他没钱赔也没猪赔，给人家当了几年苦力后，回到了乡里，和孟光双向奔赴，喜结连理。

然而，婚后的孟光却像变了个人一样，每天花枝招展。梁鸿觉得自己看错了人，气得一连七天没和老婆说话。退一步越想越气的梁鸿终于还是忍不住问："如今你穿着华丽，妆容精致，这难道是我要的吗？"（梁鸿这话要是搁现在肯定被"网暴"了800回了。）孟光听到这话却定下心了："考验你罢了，我当然跟你一起隐居。"

本来日子过得好好的，后来梁鸿出关经过首都洛阳，发表了篇文章《五噫歌》，嘲讽时政，感叹民生艰苦。皇帝觉得被打脸，立刻下令捉拿他。梁鸿携妻子南逃至吴地，寄住在如今皋桥旁的皋伯通家。白天梁鸿为人春米，晚上回家时，孟光半曲身子将盛着饭菜的托盘举至眉前，恭恭敬敬端给丈夫吃，这就是"举案齐眉"的来源。而今，夫妻关系也有了新解，"举案齐眉"所代表的不再只是一种单向的顺从，而是双向的尊重。倒真是如宝玉问的，今时便是"孟光接了梁鸿案"。

阊门往东约 400 米，**皋桥**静静连接着繁忙的东西中市。它长度不到 10 米，也几乎没有坡度，看着很不打眼。桥下河道自盘门延伸而来，是姑苏古城"三横四直"中的第一直河，流水潺潺，诉说着苏州的繁华往事。

**交通**：地铁 2 号线石路站

# 关于皋桥的诗，请朗读并背诵！

皋桥
## 〔唐〕皮日休

皋桥依旧绿杨中，闾里犹生隐士风。
唯我到来居上馆，不知何道胜梁鸿。

和袭美咏皋桥
## 〔唐〕陆龟蒙

横截春流架断虹，凭栏犹思五噫风。
今来未必非梁孟，却是无人断伯通。

泰娘歌（节选）
## 〔唐〕刘禹锡

泰娘家本阊门西，门前绿水环金堤。
有时妆成好天气，走上皋桥折花戏。

忆旧游（节选）
## 〔唐〕白居易

阊门晓严旗鼓出，皋桥夕闹船舫回。
……
虎丘月色为谁好，娃宫花枝应自开。

皋桥（节选）
## 〔宋〕周文璞

伯鸾出京师，慷慨歌五噫。
岂无济时心，升降与我违。
有来适吴中，春粱救寒饥。
吴人皋伯通，舍之慰穷栖。
方志虽或除，此桥犹可稽。

# 赤壁大火，淬成周瑜的颜色

曹军之声愈发近了。

周瑜嘴上对刘备说击败曹军已胸有成竹，但实际上心里无法保证万无一失。联军5万，敌军却自称有80万。即使自己已占地利人和，可战场胜败哪有绝对。

不过周瑜并不畏惧，从小他就知道自己与别人不同。他出身庐江周氏，家族先辈恶斗外戚，位列三公，也曾有从龙之功。承载着家族的荣耀，他自小聪明勤奋，是"曲有误，周郎顾"的美少年，但更想做琴心剑胆、雄才大略的豪杰。怀瑾握瑜是他的名，在乱世里劈波斩浪是他的命。

他想起孙伯符。他们小时候就认识了，两个男孩意气相投，拜了把子。汉末群雄蜂起，他们一拍即合，并肩战斗。从鲜衣怒马的少年到逐鹿天下的英雄，江东双璧剑指天下。周瑜主内，名士、兵马、武器、粮草，一切尽在掌握；孙策主外，挥师渡江，顺利平定江东，赢下无数战役。奈何天意不可解，孙伯符26岁就死于刺客之手，周瑜只能继承他的遗志，继续前行。

望着天上的月亮，他又想起了小乔。和小乔的初见不甚愉快，他和孙伯符攻陷皖城时，过去认识的乔家姊妹已长成国色。为了拉拢袁术旧部，或许也有感情，孙伯符娶了姐姐大乔，他娶了妹妹小乔。婚后的日子比想象中幸福，他们琴瑟和谐，如今月轮之下思小乔，直教人贪念痴嗔，从此不敢看月轮。

月光照到江面上，眼下的战役已越来越近了。他是总指挥，必须行事果决，不容闪失。

"放！"烈火浓烟，遮天蔽日，有东风吹过，似伯符之声。

公元198年，周瑜率领鲁肃等人南下江东，回到吴郡地投奔和追随孙策。**周瑜故居**现存东西两路，正路在西，尚存仪门和大殿。门厅悬挂"公瑾遗风"牌匾，展台陈列着苏州历史货币博物馆的馆藏货币和古籍，还展有御窑金砖、石碑，并有图文介绍周瑜生平。

**地址**：雍熙寺弄8号

**交通**：地铁4号线察院场站

北寺塔：千百年后，姑苏必以我而限高

想必大家在苏州古城行走的时候，抬头会看到古城区最高的标志性建筑物——北寺塔。

"未见苏州城，先见北寺塔。"苏州市规定，古城区的所有建筑都要限高 24 米，大概也就三层北寺塔的高度。

北寺塔位于报恩寺内，这是一座有 1700 多年历史的古寺。报恩寺始建于三国时期，由孙权的母亲捐赠房屋宅邸而建。入口前胜迹牌坊的朝南正面，有"知恩报恩"四字，正是孙权感恩之心的体现。到了南朝梁武帝时期，僧人正慧在寺内修建了宝塔。

不知当年为报母恩的孙仲谋有没有想到，千百年后的北寺塔竟还是古城区的唯一"高楼"。

无独有偶，与孙权有关的不只有报恩寺，还有一座瑞光塔。

瑞光寺位于盘门景区内，初名普济禅院，志书记载为三国吴赤乌四年（241）孙权为迎接西域康居国僧人性康而建。

6 年后孙权为了报答母恩，在此寺中建造了十三级舍利塔。五代后晋天福二年（937）重修，并敕赐一枚铜牌置于塔顶。宋宣和年间重修时改为七级塔，并赐额为"瑞光禅寺"，相传塔上常常出现五色祥光，故而改名为"瑞光塔"。当今，我们在盘门景区内看到的瑞光塔为砖砌塔身，是北宋遗物。

众所周知，三国时期吴国的都城在南京。但去南京之前孙权在苏州曾生活了 8 年，对苏州的建筑有着重大的影响。当年曹操评价他"生子当如孙仲谋"的时候，肯定不知，他还有"限高"这一属性。

**北寺塔**是中国楼阁式佛塔，为中国现存最高大的砖木结构古塔，为"吴中第一古刹"。除了塔本身和寺内的园林吸引人外，每至秋冬，柿子树和蜡梅也是近年来"出圈"的美景。

**地址**：人民路 1918 号

**交通**：地铁 4 号线北寺塔站

## 报恩寺柿子树

每年的秋季，是柿子成熟的季节，当你从苏州地铁 4 号线北寺塔站的 4 号口坐电扶梯出站时，抬头包看到一群人，拿着相机，仰着脖子，仿佛在拍什么东西。一开始你或许不以为然，但是在电梯上升几秒之后，可能你也会拿出手机，打开拍照模式，参与其中。

### 报恩寺黄墙蜡梅

如果你只知道北寺塔外面的柿子树，却不知北寺塔里冬天盛放的蜡梅，那你一定是北寺塔的"假粉"。在冬季走进院内，黄墙之处，梅香扑鼻。记得中午去，阳光把蜡梅投射在黄墙上，映出斑驳的轮廓，这个感觉，怎么拍都不可能不出片。

# 盘门三景

"北看长城之雄，南看盘门之秀"，这是称赞长城与盘门的风景特色。那"秀"的二分之一，我愿意拿来称赞水陆城门。

城门并峙，气势雄伟。陆城门分内外两重，内外城垣构成方形瓮城，诱敌城下，城头放箭、坠石，可谓"瓮中捉鳖"，易守难攻。

瑞光塔为七级八面楼阁式砖身木檐塔，塔由外壁、回廊、塔心组成。1978 年，考古工作者在第三层发现了真珠舍利宝幢等大批北宋时期佛教珍贵文物。这批文物现藏于苏州博物馆（本馆）。

吴门桥是苏州众多单孔石拱桥中的翘楚，它不仅历史悠久，更以其高度和精巧的构造，成为一座令人赞叹的古迹。

**地址**：东大街 49 号

**交通**：地铁 5 号线新市桥站

# 孙吴政权"高级合伙人"

孙吴政权的壮大与吴郡士族的支持密不可分，他们在不同时期参与着政治、外交等重要事务。这些士族以顾、陆、朱、张最为显赫，并称"吴郡四姓"。

**顾**

代表人物：
顾雍

顾雍是三国时期东吴的杰出政治家，出生于吴县。他以稳健的政治风格和深厚的文化素养，成为孙权手下的重要谋士。他担任丞相长达 19 年，多有匡弼辅正之词。其子顾邵娶了孙策之女为妻。顾雍去世后，孙权身着素服亲自前往祭吊，赐谥号"肃"，以表彰其一生的贡献。后来的文学、书法、绘画大家顾野王也是出自此家族。

**陆**

代表人物：
陆逊

陆氏堪称当时吴郡第一豪门，并在孙吴时期家族势力达到巅峰。陆逊执掌孙吴兵权，也曾担任丞相之职。江湖亦有他与孙权妹妹孙尚香的绯闻。其两个孙子陆机和陆云，合称"江东二俊"，是东汉末至西晋初的著名文学家、书法家。

代表人物：
朱桓

朱桓是吴国的重要将领，以勇猛和智谋著称。他治理有方，深得民心，曾成功整合吴、会稽两郡的散兵，平定山贼叛乱，被封新城亭侯。朱桓的智勇双全和对吴国的忠诚，使他成为三国时期令人尊敬的英雄人物。朱恒的兄弟朱据曾担任孙权末年的丞相。朱氏家族多次与孙吴皇族联姻，但也因卷入皇族内部矛盾而遭遇不幸。

代表人物：
张温

同为四大家族，孙吴时期的张氏家族却不怎么受待见。既没有人与孙吴皇室联姻，也没有人担任丞相。孙吴对张氏边利用边打压。张温曾代表吴国出使蜀国，与蜀汉重臣广为接触，彼此尊重，不辱使命，其博雅为蜀臣诸葛亮赞赏。然而，孙权对张温回国后称誉蜀政颇为不满，更担心张温声名过盛，不为己用，遂借暨艳案将张温下狱。"莼鲈之思"的张翰也是出自此家族。

诗酒趁华年

# 川

她是文人墨客笔下生出的花海

她是游人学子眼里升起的流光

她是山塘街头长明的灯火

她是大运河上夺目的绫罗

热烈地唱吧　尽情地舞吧

在这千金难遇的大好时光

# 你的名字

# 叫

# "苏州"

公元 589 年，隋朝结束了长时间的割据局面，再次统一中国。取州西姑苏山之名，吴州改为苏州。这座城市第一次以"苏州"之名登上历史舞台。

隋朝在不长的历史中，留给后世最宝贵的财富便是大运河。而与苏州城同岁的护城河是大运河最古老的一段。这条运河后来载着粮食和丝绸北上，又载着中原的文人们南下。其中，有郁郁不得志的张继，有仗剑走天涯的李白，还有在苏州人民心中有崇高位置的白居易、韦应物、刘禹锡。

运河之上，往来船只稠密；运河两岸，商铺酒楼云集。人口变多，商业繁荣，商业活动逐步打破了时间和地域的限制，娱乐业开始流行，夜市大量出现。阊门地区一到夜间便热闹非凡，杜荀鹤见状写下了"夜市卖菱藕，春船载绮罗"之句。

唐代时，苏州水陆双棋盘的城市格局基本定型，小桥流水的水城风貌基本形成。白居易的"红栏

## 这座城市第一次以"苏州"之名登上历史舞台。

三百九十桥"即是明证。苏州城内,有市有坊。那时就有的吴趋坊、黄鹂坊的地名现在仍在使用。巅峰时期,其风光程度可与首都长安相媲美。白居易说,"人稠过杨府,坊闹半长安"。《吴郡志》里说,"唐时苏之繁荣,固为浙右第一矣"。778年,由于经济实力猛增,纳税额增多,苏州升为雄州。

唐代时,苏州的纺织业水平已经超过北方,其中有一种缭绫,颜色如月如雪,柔软如瀑布,代表了唐代织造的最高水平。苏州的丝绸通过大运河运到长安,再经西域销售至欧洲。可以说苏州是"丝绸之路"的出发地之一。

在中国历史的黄金年代,在"苏湖熟,天下足"的前夜,众多闪亮的名字出现在这里,他们带来了大唐恢宏的气象,也创造了江南的风华无两。

大运河的桨声波影里，
流淌着一部千年史诗

公元前 514 年，吴王阖闾伐楚，在伍子胥的建议下，吴国凿通荆溪，建成了由太湖入长江的胥溪运河，用于军事扩张，后来被看作是江南运河的雏形。紧接着，夫差子承父业，在北上争霸的过程中相继开凿孟河、邗沟、黄沟，至此长江水系与黄河水系在中国历史上第一次连通，吴国国力也在此时达到鼎盛。

又过了千余年，隋炀帝一声令下，在春秋至秦汉年间开挖水道的基础上贯通了江南运河，苏州作为重要区段之一，被正式纳入了隋唐大运河的水系。从此以后，河绕城转，城因河兴。

通过作为运河主航道的山塘河、上塘河、胥江、护城河，以及盘门、阊门等水门，大运河与姑苏城的万千水系融为一体。穿城而过的大运河，在城内形成了"三横四直"的水系格局，孕育了姑苏人家的特色风貌和生活方式。其中，第四直河就是现在与平江路相平行的河道——平江河。明清时期，这里曾是重要的漕运集散地和起运地，在平江路东侧还建有粮仓，我们所熟知的仓街因此而得名。

那些名垂青史的苏州刺史，大多都参与开发和治理了苏州的运河水系。白居易开七里山塘，贯通了阊门至虎丘再转入运河的商道；刘禹锡开汉塘，贯通了当时隶属于苏州的嘉兴到平湖水道，从此天目苕溪之水由大运河顺流到嘉兴。在一代又一代名臣能吏的不懈努力下，一套愈发完备的灌溉和水运体系在江南大地上运作，为后世整个江南地区农业和工商业的大发展奠定了重要基础。

如今，大运河苏州段北起相城区望亭五七桥，南至吴江区桃源油车墩，纵跨五区，贯通南北 96 千米。"运河通，则国运兴；运河塞，则国运衰。"大运河在城外，沟通黄金水道长江，串联太湖、阳澄湖、独墅湖等众多湖泊；在城内，以护城河紧密相连，连通八大城门，在千年岁月中默默守护着悠悠古城。

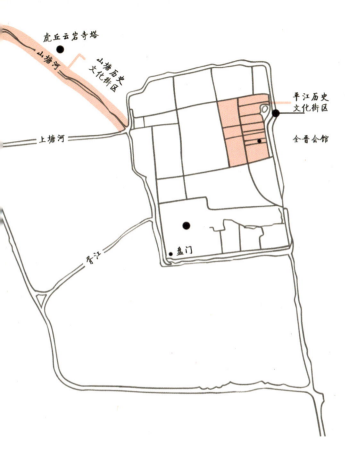

虎丘云岩寺塔

山塘河

山塘历史
文化街区

上塘河

平江历史
文化街区

全晋会馆

胥江

盘门

2014 年，**中国大运河**成功列入世界文化遗产名录。作为中国大运河沿线重要的文化古城，苏州共有 4 条运河故道和 7 个点段列入申遗名录，苏州也因此成为运河沿线城市中唯一以古城概念进行申遗的城市。

古运河游船乘坐攻略

【新市桥码头】

码头位置：盘胥路 798 号

游船线路 1：新市桥码头→觅渡桥→新市桥码头

游船线路 2：新市桥码头→盘门→古胥门码头→白居易码头→新市桥码头

【古胥门码头】

码头位置：百花洲 103 号

游船线路（畅游古运河线循环线）：古胥门码头→白居易码头→新市桥码头→盘门码头→古胥门码头

【白居易码头】

码头位置：北浩弄方基上 58 号

游船线路（山塘河游线）：白居易码头→星桥→野芳浜→白居易码头

游船线路（古运河游线）：白居易码头→盘门景区→白居易码头

游船线路（畅游古运河线循环线）：白居易码头→新市桥码头→盘门码头→古胥门码头→白居易码头

【盘门码头】

码头位置：东大街 49 号

游船线路（畅游古运河线循环线）：盘门码头→古胥门码头→白居易码头→盘门码头→古胥门码头→白居易码头

【火车站南广场码头】

码头位置：苏州火车站南广场

水上巴士东线：火车站南广场码头→山塘街北码头

水上巴士西线：火车站南广场码头→拙政园齐门码头

此外，在山塘街的古戏台码头、李鸿章祠游船码头、平江路的手摇船码头、十全街的吴衙场码头也可以乘坐游船或手摇船，体验水乡风情。

# 张继：那一晚我灵光乍现

在群星璀璨的大唐宇宙，唐诗如天上繁星，但真正"刻入DNA"的无非那几首。《枫桥夜泊》就是其中响当当的一首。如果当时有社交媒体，这首诗将妥妥爆红，拥有泼天的流量。可即便是这样，我们对张继这个人依然知之甚少，连个准确的生卒年份都不详。

这还不算什么。都说张继是落榜生，天大的误会啊。人家是正规天宝十二载（753）进士，成功上岸。惨就惨在唐朝的进士也不是铁饭碗，当官还要竞聘上岗。张继没选上，又恰逢安史之乱，玄宗都奔蜀了，张继也在"跑毒圈"，这才在一个秋夜，停舟苏州寒山寺旁，灵光乍现写下了千古名篇。

张继谜团大，《枫桥夜泊》的谜团更大。这短短28个字没有一个生僻字，没有一处晦涩难懂，从古至今却一直争议不断。就比如这"乌啼"，一般是指乌鸦叫，但有人指出了，乌鸦夜里一般不叫的，会不会是乌鹊，毕竟曹操确认过"乌鹊夜南飞"。还有种说法是乌啼山和乌啼镇，愈发离谱。还有来自"大佬"的质疑，欧阳修评价诗是好诗，可寺庙三更半夜不敲钟。但他不知道，唐代姑苏真的半夜敲钟，少见多怪啊。

江南水乡的秋夜之美，与诗人的愁思完美融合，情景合一，"美到掉渣"，愁到失眠。别人家写的是"海上生明月"，而张继这个"落"满满愁意。霜是无法满天的，但寒气可以，穿破宇宙洪荒的寂寥也可以。"对愁眠"，一个"对"字让江枫渔火也有了人情味，面前只剩江枫渔火，诗人更孤独了。

我们读诗不要太在意具体的事情，半夜敲不敲钟、乌鸦叫不叫重要吗？应该注重诗人创造的意象。月落、乌啼、江枫、渔火、半夜钟声，这些意象，一直被模仿，从未被超越。

枫桥之于张继，张继之于寒山寺，相辅相成。谁都不知道那一夜到底有多凄寂，唯一确定的是，没有他的无眠，张继不会进《唐诗三百首》诗人榜，苏州城外寒山寺的钟声也不会穿透千年依然响彻人心。

**寒山寺**是世界知名的寺庙，因唐代高僧寒山而得名。寺庙坐落在京杭大运河岸边，三面环水，美丽幽静。

**票价**：20 元 / 人

**地址**：寒山寺弄 24 号

**交通**：地铁 1 号线西环路站

**寒山寺钟楼**位于藏经楼南侧，是一个六角形的重檐亭阁。内有一口仿唐式的古铜钟，被誉为"天下第一佛钟"，重达 108 吨，钟面上刻有《大乘妙法莲华经》共 69800 字。

**石碑**上镌刻着唐代诗人张继的《枫桥夜泊》诗句，由清末著名学者俞樾亲笔书写，是寒山寺的标志性景点之一。

**寒拾殿**位于藏经楼内，屋顶雕刻着《西游记》中的人物故事，殿内供奉着寒山和拾得的塑像，背后嵌有千手观音的石刻画像。

**普明宝塔**是国内为数不多的纯正唐式木结构五重佛塔，可以顺时针绕塔祈福，还可以观摩四周各大书法家临摹的《枫桥夜泊》。

**枫桥**是一座高高的小拱桥，如今仍能正常使用，脚下的石板都磨得很光滑。登上枫桥，可以俯瞰周边景色，感受当年《枫桥夜泊》中的意境。

**江村桥**是寺庙门前的石拱桥，与山门之间的黄墙被称为照壁，黄墙内有古典楼阁、枫江楼和霜钟楼等建筑。

寒山寺向东约 1.7 千米，有座 700 多年历史的**西园寺**。虽然它在苏州一众千年古寺前只能算个小辈，但近年来凭借着"喵喵寺"的名声深受大家的喜爱。同时，吃一碗素面也成为去西园寺不能错过的事情。

**票价**：5 元 / 人

**地址**：留园路西园弄 18 号

**交通**：地铁 2 号线石路站

橘猫吃面
的小心事~

大千世界，如若微尘。

豁达面世，心之所向。

# 独一份的水乡风情，是老白给的

　　想当年，白居易疏浚苏州城外西北河道、开挖山塘河的时候，应该也不会想到，自己将会造就一条历史文化名街，为红尘中"一二等富贵风流之地"阊门到"吴中第一名胜"虎丘的游船大开方便之门，引得文人骚客流连此地，留下脍炙人口的诗篇和传说；山塘街也因此成为"居货山积，行云流水，列肆招牌，灿若云锦"的繁华市井。苏州百姓感恩白居易的功德，所以山塘街又名白公堤，建有唐少傅白公祠以作纪念。这里现在是进入山塘街的第一个景点。

　　山塘河两岸是典型江南水乡风貌，家家户户都是前街后河，尤其是从虎丘坐船而下，河道两岸皆是寻常人家的生活气息，家家户户门前种植的花草随风摇曳，支起小桌摆开茶具倚栏喝茶，好不惬意，真真是一幅人家尽枕河的画面。待游船行至山塘街最为繁华的一段，两岸红灯笼高挂，斑斓的灯光倒映在河水中，正是那个梦幻般的江南水乡世界。

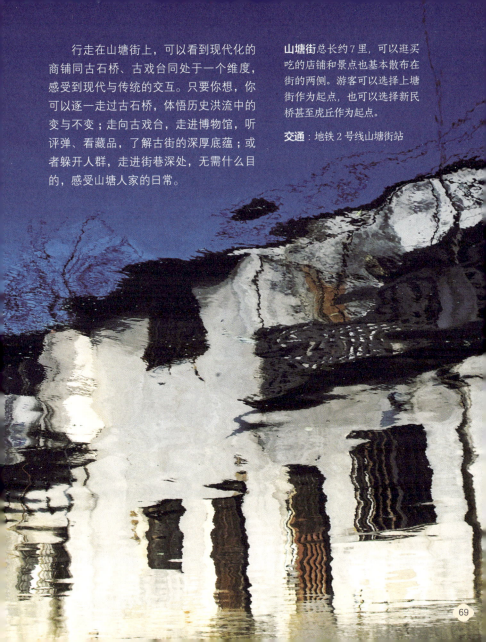

行走在山塘街上，可以看到现代化的商铺同古石桥、古戏台同处于一个维度，感受到现代与传统的交互。只要你想，你可以逐一走过古石桥，体悟历史洪流中的变与不变；走向古戏台，走进博物馆，听评弹、看藏品，了解古街的深厚底蕴；或者躲开人群，走进街巷深处，无需什么目的，感受山塘人家的日常。

**山塘街**总长约7里，可以逛买吃的店铺和景点也基本散布在街的两侧。游客可以选择上塘街作为起点，也可以选择新民桥甚至虎丘作为起点。

**交通**：地铁2号线山塘街站

# 狸猫连连看

山塘街自阊门至虎丘一共七里，所以被称为"七里山塘"，但民间也有"七狸山塘"的说法，因为一共有7座狸猫石像，各自守护着一座古石桥。沿着山塘街由东往西，分别为美仁狸、通贵狸、文星狸、彩云狸、白公狸、海涌狸和分水狸。爱徒步的你沿路去寻找，然后回来连线吧！

**美仁狸：**
家庭住址：山塘桥畔
技能特长：象征优雅

**通贵狸：**
家庭住址：通贵桥畔
技能特长：代表富贵

**文星狸：**
家庭住址：星桥畔
技能特长：象征学识

**彩云狸：**
家庭住址：彩云桥畔
技能特长：象征幸福

**白公狸：**
家庭住址：普济桥畔
技能特长：代表健康

**海涌狸：**
家庭住址：望山桥畔
技能特长：象征缘分

**分水狸：**
家庭住址：西山庙桥畔
技能特长：代表机遇

你看我牙，齐不！

莫挨老子！

老坐着好累啊，想去练瑜伽，猫弓背式。

## 山塘街的另一种打开方式

清朝时期，文人顾禄写了一本地方小志，专讲苏州的风土人情，小志名为《桐桥倚棹录》，这名儿起得很值得说道。这座桐桥，就在山塘街西段，是山塘曾经的交通要道，是最热闹的地方。"桐桥倚棹"就是在桐桥泊船的意思。

山塘地区的繁荣，始于唐代而兴盛于明清。彼时的山塘，可以说是富贵风流至极。当物质的丰沛到达一定程度后，人们开始追求享乐。文人之间流行起了一种冶游活动，每日无事，勾栏听曲成了他们日常生活的一环，而这听曲地点一般就在山塘西段的花船上。

这种专为冶游配备的花船也叫画舫，在《桐桥倚棹录》中有详细记录，上覆布幔，下舒锦帐，船舱上悬着色彩鲜艳的绣帘，舱内一应陈设就俩字：奢靡。当时野芳浜一带的画舫如过江之鲫，是全国出名的"红灯区"。

每到暮色四合，河上泊着的百余只画舫次第亮起灯来，桨声灯影，一摇一荡，画舫上的帘幕如烟一般拂动，艺妓们清越的嗓音飘散在风里，软糯绵长。据说，当年柳如是、董小宛、陈圆圆也在这一带的画舫上与一些才子们唱和嬉乐，留下无数旖旎传说。

当时最有情调的苏帮菜一般也都是在画舫上吃的，叫作"船宴"，约等于现在的独一桌。船菜最大的特点在于取料高档，讲究新鲜、时令，一般用活虾、活鱼，并且精准定位文人骚客群体，菜名都取得相当高雅，菜品少而精，主打一个"浅尝辄止"，吊人胃口。菜肴是一方面，更重要的是增值服务做得也相当到位。在这些画舫上有一种特殊的职业：船娘。船娘不划船，干的是烧菜温酒的行当，温柔酒意，扑面而来，推杯换盏间都是风情。

无怪乎顾禄会动在桐桥泊船的心思，正所谓"觅得百花深处泊，野芳浜里最销魂"。

# 本地人才知道的好去处

## 01
### 老字号
要说苏州如今最出名的汤团店，那必须是朱新年了，山塘街的是老店，生意一直红火，汤团口味也是一如既往受老苏州欢迎。荣阳楼是老牌的苏州传统点心店，在山塘街 329 号传承至今，价格也平易近人。店铺分两个档口，正中售生煎馒头，另一个档口则专售招牌油氽团子、糕点和包子。

## 02
### 葫芦庙
七里山塘从头至尾，寺院、祠宇、塔院、冢墓、坊表、会馆、宅第、桥梁等有案记录的古迹有二三百处，《红楼梦》中的景点有些就来自这里，其中就包括葫芦庙。葫芦庙就是现在的普福禅寺，宋淳熙年间始建。因为这庙里有一个狭长的天井，形似葫芦，寺门边的一座桥又恰似葫芦的柄，寺门一开，正好凑成一个葫芦，加之这座庙地方狭小，就被称为"葫芦庙"了，至今香火鼎盛。

## 03

### 张国维祠

张国维祠位于山塘街绿水桥西，始建于明崇祯年间。"武有黄埔、文有南社"，1909 年 11 月 13 日，这里成立了中国近代史上第一个革命文学团体——南社。现在这里是"中国南社纪念馆"。

## 04

### 桐桥

山塘街每隔不远就有一座桥梁，或纵向连接自身，或横跨山塘河通向南岸，在纵向的桥梁中，以桐桥最为著名。桐桥，古名"胜安桥"，因古代桥畔多梧桐树而得名，曾是山塘街最高的单孔石拱桥，桥段周边散落着众多会馆、古迹。

## 05

### 五人墓

五人墓也叫义风园，也是语文课本上《五人墓碑记》所述地点。明天启六年（1626），阉宦魏忠贤当道，陷害忠良，苏州人民激于义愤，掀起抗暴斗争。魏阉下令镇压，颜佩韦等五人为保护群众，挺身而出，慷慨就义，后苏州老百姓葬五人于此。墓园内还有明代反税监斗争领袖葛贤之墓，明代名士陈继儒作过《葛将军墓碑记》。

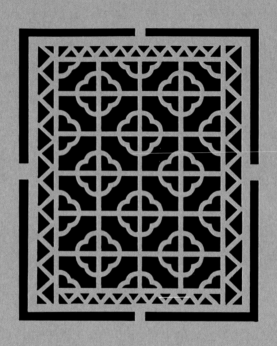

宋元

田野弥漫着稻花香气

街头充盈着温润茶色

说书人津津乐道平江的传奇

读书郎念念不忘山河的理想

夜深时

眼眸愈发明亮

# 苏州有钱又有文化，
# 得从这个时候算起


# "苏湖熟，天下足。"

　　都说江南自古富庶，其实南方经济真正超越北方的趋势开始于唐中叶，定型于南宋。"苏湖熟，天下足"这句谚语，也是始于那时候。

　　北宋时期，南方稻麦复种制已经普及，能比别的地区多生产一季的粮食，这是巨大的优势。同时，北方因为战乱，经济不断受到破坏，人口不断往南流动，于是达成全国经济重心迁移的两大条件产生了——人口密度和耕种条件。太湖流域一带成为全国最重要的粮仓。《宋史》中就有"国家根本，仰给东南"；元朝虽然定都燕京，但财政主要依赖江南。这个"东南"和"江南"基本上指的就是苏州。

　　在漫长的 2500 多年的历史中，苏州曾经使用过很多名字：吴郡、吴闾、吴下、会稽、吴中、东吴等。赵匡胤上台后，苏州又有了新名字——平江。"平江"之意为大江大河的水流至此渐平，一方面形容苏州地势平缓，地与江平；另一方面也体现了苏州人温文尔雅的特质。

　　宋太祖开宝八年（975），中吴军改为平江军。"军"是宋代的行政名称。到宋徽宗政和三年（1113），又升

# "国家根本，
# 仰给东南。"

"平江军"为"平江府"。元世祖忽必烈当权后，又改称为"平江路"，"路"同样是行政区域名称，此"平江路"并非指如今的平江路，而是整个苏州地区。直到元至正二十七年（1367），徐达攻克平江路，才改为"苏州府"。

两宋苏州的经济腾飞造就了这一时期的文化盛宴。不仅仅因为皇帝带头搞艺术，科举也比唐朝开放得多，艺术审美达到了前所未有的巅峰。元朝推行宽容的文化和宗教政策，忽必烈在全国兴办学校，推行"一乡一社皆有学"，文化普及率提高了，文化载体也扩充出了曲、词、小说、杂剧等。那时的苏州街头有说书的、卖唱的，当街喝茶风气极盛，这可比香榭丽舍的咖啡馆子早多了。苏州也是当时全国刻书藏书的中心之一，印刷的小说卖得相当火。

现在谈及两宋和元，一个将传统文化和艺术审美推向新高度，一个将分裂了350年的中国重归一统。而这一时期的苏州既是经济重心，又是文化中心。彼时的平江府也许就是整个蓝星上最璀璨的城市吧。

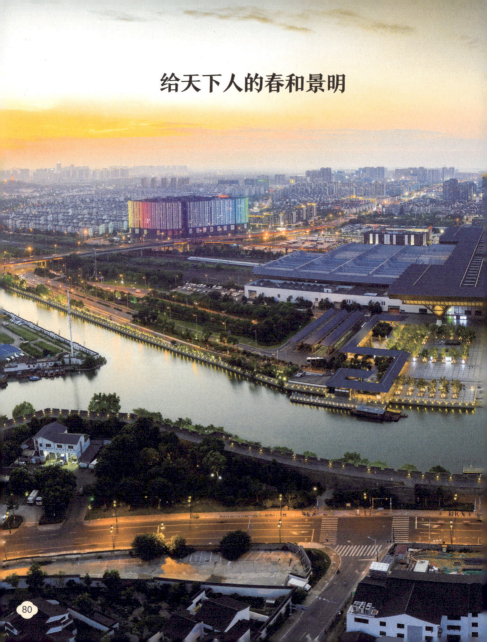

# 给天下人的春和景明

　　从苏州火车站南广场出来，在看到真江南的小桥流水之前，先会碰上气宇轩昂的"苏城男团"。此团成员共 8 人，都是在历史大浪淘沙中稳稳出道的"爱豆"，其中"断层第一"获得"C 位"的，便是来自北宋的范仲淹。

　　1034 年，他奉命任苏州知州，一来便大刀阔斧地治水，修围、浚河、置闸，让太湖水顺利和可控地流入大海，解决了当时苏州严重的水患。现在在常熟一带还留有他当时治水的痕迹——范公闸。也是在这个时候，他获得了五代吴越钱氏南园旧地作为自己的"宅基地"。大师来看过以后说此地风水旺人，能让范家"踵生卿相"。

他想独乐乐不如众乐乐，当机立断把这块地捐出来，创办了苏州州学（后称"府学"），也是现在苏州中学的前身。府学于民收费低廉，于国家也培养了后备人才。他还在这里开创性地将公办的官学与祭祀孔子的庙堂合为一体，开创了"左庙右学"的官学规制。此举一开各州县办学之先河，各地纷纷效仿，自此有了"天下之有学自吴郡始"之说。

范仲淹是苏州人。他在苏州任职只一年有余，对这片土地却爱得深沉。1049年，范仲淹主政杭州。午夜梦回，他看到族人哭泣，生活艰辛，醒来便萌发解决族人生活困难的想法。他将苏州灵芝坊祖宅捐出作为义庄，作为族人生活之所，并委托族兄范仲温购置良田千亩作为义田，田地的收入便是他们生活的资金来源。范仲淹亲自制定义庄规矩，将义庄运营的相关条款规定详尽，使义庄得以世代延续。今天苏州的景范中学，就是范仲淹创办的范氏义庄的旧址。

"我的生命是一万次的春和景明"，这是在社交媒体里爆火的文案。而范仲淹的一生，是绝不能用"春和景明"来形容的。从地方九品官吏，做到参知政事，跻身宋朝政府最高决策层，又屡屡被贬。但所到之处，他都有所创建，政绩不凡，是为"居庙堂之高则忧其民，处江湖之远则忧其君"。"范希文两字关情"，他久居官场暗室却用"忧乐"写春诗，为天下开创了一万次的春和景明。

范仲淹祖籍苏州，他在苏州捐宅地、建府学、办义庄，直到今天，在**范庄前、景范中学、苏州中学**等地点，仍旧可以找寻到他当年的足迹。苏州中学在府学旧址建立，苏州市景范中学也可以追溯至当时的义庄。

**交通**：地铁4号线察院场站、三元坊站

# 范仲淹简历

| 姓　　名 | 范仲淹 | 性别 | 男 | 年龄 | 64 岁 | |
|---|---|---|---|---|---|---|
| 曾用名 | 朱说 | 出生年月 | 989 年 10 月 | 籍贯 | 苏州吴县 | LOADING…… |
| 民　　族 | 汉族 | 政治面貌 | 革新派 | | | |
| 通讯地址 | 河南省洛阳市伊川县彭婆镇许营村万安山南侧 | | | | | |
| 技能爱好 | 文学（精通）：《岳阳楼记》《渔家傲·秋思》《苏幕遮·怀旧》等作品流行时间超 990 年。其中《岳阳楼记》收入超核心刊物《古文观止》，引用二创人气历代级火爆。<br>古琴（擅长）：喜欢弹琴，只弹《履霜》，江湖人称"范履霜"。 | | | | | |
| 同行评价 | 欧阳修：公少有大节，于富贵、贫贱、毁誉、欢戚，不一动其心，而慨然有志于天下。<br>王安石：一世之师，由初起终，名节无疵。<br>苏轼：出为名相，处为名贤。乐在人后，忧在人先。经天纬地，阙谥宜然。贤哉斯诣，轶后空前。 | | | | | |
| 主要经历 | 1011 年，河南商丘南都应天府书院求学<br>1015 年，参加"国家公务员考试"，成功"上岸"（乙科第九十七名），任广德军司理参军<br>1017 年，升为文林郎、任集庆军节度推官<br>1021 年，任泰州西溪盐仓监<br>1025 年，任兴化县令，全面负责修堰工程<br>1026 年，辞官为母守丧，受时任南京留守晏殊邀请执掌应天书院教席<br>1028 年，受皇上征召入京，任秘阁校理（上疏太后还政）<br>1030 年，自请离京，任河中府通判<br>1031 年，调任陈州通判<br>1033 年，受皇上召入京，任为右司谏（太后驾崩），同年被外放为睦州知州（伏阁请对）<br>1034 年，调任苏州知州<br>1035 年，调回京师，判国子监，转升为吏部员外郎、权知开封府<br>1036 年，被罢黜，知饶州（景祐党争）<br>1037 年，徙知润州<br>1038 年，徙知越州<br>1040 年，受召回京师，任天章阁待制、出知永兴军，七月升龙图阁直学士，八月兼知延州（1038 年元昊称帝建西夏，1039 年元昊进犯大宋境，边事吃紧）<br>1041 年，任户部员外郎、知耀州，五月改知庆州<br>1042 年，加封为枢密直学士、右谏议大夫，任鄜延路都部署、经略安抚招讨使<br>1043 年，受召回京，任枢密副使，六月拒受知政事，八月皇上再拜，任参知政事<br>1044 年，六月自请外出巡守，任陕西、河东宣抚使（推行新政，此时边事再起）<br>1045 年，正月自请出知邠州，参知政事之职被罢，改为资政殿学士、知邠州，兼陕西四路缘边安抚使，十一月，因病上表，升给事中、知邓州（庆历新政被废止）<br>1048 年，调知荆南府，奏请朝廷，留任邓州<br>1049 年，调知杭州<br>1051 年，升户部侍郎，调知青州，因病重，求至颍州<br>1052 年，调任知颍州，扶疾上任，行至徐州途中去世，享年 64 岁 | | | | | |

## 戍边西北（国家级重点国防项目）　　　　　　项目负责人
### 1040—1043 年

**项目背景**：西北党项首领李元昊称帝，与宋朝的外交关系正式破裂，率兵进犯宋境，于三川口之战大败宋军，集兵于延州城下，边事吃紧。

**工作职责**：提出"积极防御"的守边方略；取缔按官职带兵旧制，改为根据敌情选择战将的应变战术；建立营田制；对沿边少数民族，严立赏罚公约，使其安心归宋，建成以大顺城为中心、堡寨呼应的坚固战略体系；精选将帅、大力提拔军队将领，训练出一批强悍敢战的士兵，打造宋朝第一劲旅。

**项目成果**：西北军事防务形势发生了根本性的变化，边境局势大为改观。1044 年，北宋与西夏最终缔结合约，西北边疆得以重现和平。

## 庆历新政（国家级重点改革项目）　　　　　　项目负责人
### 1043—1045 年

**项目背景**：三冗二积——冗官：官僚机构庞大，但行政效率低下；冗兵：军事体系庞大，养兵性价比低；冗费：政府财政入不敷出，需支付岁币且大兴土木。造成积贫积弱。

**工作职责**：提出十项改革纲领，主张澄清吏治、改革科举、整修武备、减免徭役、发展农业生产等，内容涉及政治、经济、军事、教育、科举等各个方面和领域。

**项目成果**：开北宋改革风气之先。政治局面焕然一新，官僚机构开始精简；科举突出实用议论文的考核，特殊才干人员得到破格提拔；全国普遍办起学校。

## 优质办学（国家级人才培养项目）　　　　　　项目负责人
### 一生

**项目背景**：当时科举以考试取人，却不在考试之先育人，好似"不务耕而求获"。

**工作职责**：提出"复古兴学校，取士本行实"，着力改革科举考试制度、完善教育系统、加强学堂管理。个人于苏州设立苏州府学、范氏义学，于延州设立嘉岭书院，于越州设立稽山书院，于邓州设立花洲书院。

**项目成果**：足迹所涉均兴办学堂，教泽广被。范氏义学在教化族众、安定社会、优化风尚上取得了巨大成功，开启了中国古代基础教育阶段免费教育的新风尚。

# "盘活"沧浪亭，这事他干得漂亮！

    苏州园林的名字中"园"多"亭"少，别的园林叫拙政园、留园、可园、网师园，而以"亭"为园命名的唯有沧浪亭。

    沧浪亭，是个亭子，也是座园子。

    它的得名源于北宋文人苏舜钦，但历史可以追溯至五代吴越国，是苏州现存最古老的园林。五代时期，这里作为池馆也曾有过一段繁华往事，后来却成了个废园。一直到北宋，苏舜钦给它"盘活"了。废园换新貌，苏舜钦给它取名"沧浪亭"，自号"沧浪翁"。

很大程度上，"沧浪"二字，是苏舜钦"内涵"官场最直接的表达。

当时，苏舜钦被皇帝罢官，拖家带口来到苏州，心里别提多郁闷了。

起因么，是苏舜钦卖了公家废报纸，和同事攒个酒局，被人举报公款吃喝。这本是个部门内部惯例，大家心知肚明的"潜规则"，但被有心人做了文章，闹大了！闹到了宋仁宗的面前，于是苏舜钦这官帽就被摘掉了。不过，这背后当然也有宋仁宗的借题发挥了。

苏舜钦虽然当官差了点运气，但在买房造园方面的眼光很"毒辣"。买下废园修筑沧浪亭，这事，他干得太漂亮了！

沧浪亭这块地，苏舜钦买得心甘情愿、毫不犹豫。这儿位于城南三元坊，地势高、三面环水，置于闹市又隐于闹市，且要价良心。于是他果断花了四万贯钱买下修筑宅院，并临水修筑了最早的"沧浪亭"。欧阳修还同他开玩笑说："清风明月本无价，可惜只卖四万钱。"

苏氏之后，沧浪亭几经辗转成了南宋名将韩世忠的府第"韩园"，并以该名字出现在《平江图》中。后又经多次改建修复，傍水亭子也被挪到了园内土山之巅，形成了如今的布局。虽然早不是宋代时期的样貌，但不少地方还是能看到旧时的风采。

沧浪亭见证的不只有苏舜钦的失意，它还见证了沈复与芸娘的传世爱情。住在沧浪亭边的这对神仙眷侣，将风月之事说与沧浪亭，让沧浪亭变得更鲜活、更有生活气。

苏州四大园林中沧浪亭最安静，也最雅。如果非节假日、寒暑假，赶上7点30分进园，有时半天也难碰到个人。沧浪亭多竹，翠玲珑厢房的周边种有潇湘竹、麻竹、金镶玉等竹，满目翠绿，对眼睛十分友好。来了沧浪亭，一定要去面水轩和观鱼处坐坐，涟漪荡漾，赏景吹风，惬意！

**票价**：旺季20元/人，淡季15元/人

**地址**：沧浪亭街3号

**交通**：地铁5号线南门站，4号线南门站、三元坊站

沧浪亭都去了，顺便一道去去**可园**吧，就在对面哦！可园与沧浪亭仅一条小巷之隔，两个园子的正门隔河相对，北宋年间它曾是沧浪亭的一部分，算起来它跟沧浪亭一样老呢。作为苏州唯一现存的书院园林，它曾是苏州图书馆的前身，藏书达八万多卷，绝对是一座"宝藏园林"。

**票价**：旺季25元/人，淡季20元/人

**地址**：沧浪亭街3号

**交通**：地铁5号线南门站，4号线南门站、三元坊站

# 漏窗，
## 虚实之间的审美情趣

漏窗是园林建筑中的设计表现手法，形态特征体现了中国传统美学的内涵。沧浪亭有108种漏窗，图案各异，既装点了建筑，又体现了建造者的文化趣味。

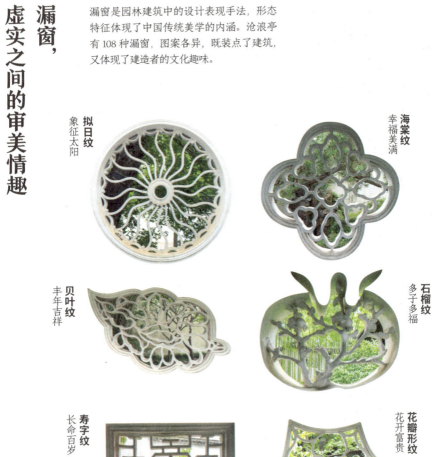

拟日纹
象征太阳

海棠纹
幸福美满

贝叶纹
丰年吉祥

石榴纹
多子多福

寿字纹
长命百岁

花瓣形纹
花开富贵

# 洞门,框一处风景

宝瓶门
吉祥如意
出入平安

八角门
八方来财
四通八达

贝叶门
诗情画意
精巧灵动

葫芦门
多子多福
福禄双全

月洞门
禅意宁静
团圆满满

园林的连廊深处墙上总有洞门出现，供人来往通行，也起到"框景"的作用，使园林隔而不断，气韵流动。每一扇洞门，都是一种风景。

刘敦桢先生在《苏州古典园林》中说："洞门的形式有圆、横长、直长、圭形、长六角、正八角、长八角、定胜、海棠、桃、葫芦、秋叶、汉瓶等多种，而每种又有不少变化。如长方形洞门的上缘，除作水平线外，又有中部凸起，或以三、五弧线连接而成。洞门上角，简单的仅作海棠纹，复杂的常加角花，形似雀替；或作回纹、云纹，构图多样。"

为苏州荣誉市民苏东坡点赞

苏东坡来虎丘的那个早春，山坡上那片梅花开得肆无忌惮。

没有确切的记载说明他是第几次上虎丘山了，但心境是始终如一的虔诚。进入山门，就进入了自己的前世今生，物我两忘。沿着石阶一级级慢慢走上去，就像踩着一段段古老而切近、亲切而恍惚的往事。憨憨泉、试剑石、真娘墓——从眼前飘过。良久，他喃喃自语道，到苏州不游虎丘，乃憾事也。进一步翻译成白话就是，到了苏州你却不去虎丘看看，那真是天大的遗憾！

就是这句广告词，历经千年，让虎丘山这个 34.3 米高的小丘一直稳居吴中第一名山的交椅。他为苏州做的广告，效应深远而强悍，贡献巨大。作为资深旅游形象代言人，发顶苏州荣誉市民的帽子给他戴戴，我想他是不会拒绝的。

苏东坡眼里的虎丘，还是以寺庙功能存在的。考虑到北宋的交通条件，当时的全国人民虽然心痒痒地被他这句话蛊惑着，却没办法来苏州一睹伟大虎丘的芳容是可以理解的。但他自己不一样，他反复来，路过苏州必来。不路过苏州，绕个弯子也要来。他来虎丘，是信仰的驱使，是另有情结的。他说这句广告词，是发自肺腑的。

苏东坡一直执着地认定，自己的前生是个和尚，而虎丘则是他出家的地方。所以他虔诚信佛，对每一处寺庙都怀有与生俱来的崇拜和亲切。所以他每来苏州必定住在定慧寺，并跟苏州诸多寺庙的诸多僧人交情笃厚。也因此，他每来必去虎丘。

苏东坡的游玩线路是，从阊门出城，乘船沿七里山塘河一路摇到虎丘山下。若干年后从《平江图》上看，苏州城的形状是把勺子。不大的古城被宽阔的环城河包围，在四方古城的西北角，鳞次栉比的建筑沿着山塘河一直铺到虎丘。从风水上讲，这勺子暗合北斗七星的天象，虎丘就是勺柄顶端那闪亮的一颗。从这座城市的发展历史来说，苏州应该感谢三个人，吴王阖闾是建城者；白居易担任市长期间，疏通山塘河修筑白公堤，连通虎丘山，是古城北斗格局的成型者；而苏东坡，则是苏州旅游业的第一个推广者。这三个人，都跟虎丘有关。

苏东坡来虎丘时，他看到的，是原生态的云岩寺。北宋时期的苏州，崭露旅游城市的潜质。在旅游业还没被作为产业来发展的那个年代，虎丘还只属于苏州人。那时的虎丘，在佛门清净地的庄严中透着世俗的可爱，节庆活动繁多。并且一律不收门票，是市民自己的乐园。

太平军占领苏州之前的虎丘塔，塔上砖仿斗拱、檐下平座等各种构造齐全，塔檐尤为醒目；塔下右侧屋顶是大佛殿；大佛殿南侧的飞檐则是为迎接清康熙帝南巡在山巅建立的万岁楼。左侧图为法国人丹尼斯·路易·李阁郎摄于咸丰七年（1857）。三年之后，虎丘被毁。

（苏州市地方志编纂委员会办公室供图）

**虎丘山**是座小山，海拔仅有 34.3 米，却是姑苏历代人文景点的集大成者。园内悬崖峭壁林立，沟壑纵横，建筑与植株相互衬托，是江南园林的典范。

**票价**：旺季 70 元 / 人，淡季 60 元 / 人，需实名制预约购票

**地址**：虎丘山门内 8 号

**交通**：地铁 6 号线虎丘站

## 剑池

阖闾归葬虎丘，有三千剑为殉，故此称『剑池』。据说『虎丘剑池』四个石刻大字刚开始都是唐代大书法家颜真卿的真迹，后来由于年代久远，『虎丘』二字笔画剥落，有人重新作了补刻，『真剑池，假虎丘』的说法由此而来。

## 断梁殿

断梁殿建于元代至正初年，距今有600多年的历史，至今依然巍然屹立。

**云岩寺塔**距今已有1000多年历史，是宋塔中时代最早，规模宏大而结构精巧的实物。全塔八角七层。

## 千人石

这个名字的由来有很多民间说法，一说孙权在这里召开了千人大会，还有一种说法比较血腥，说夫差在这里屠杀了所有为父亲阖闾筑墓的工匠。

虎丘四时

秋
夏

冬
春

97

# 跟着东坡游姑苏

**阎邱坊巷**

阎邱坊巷东连皮市街，西接人民路，南临观前街，北靠白塔西路，全长仅有 400 米左右。苏东坡说："苏州有二邱，不到虎邱，即到阎邱。"苏东坡曾多次到访，看望居住在此的好友阎邱孝终，此巷也因此得名阎邱坊巷。巷内有詹氏花园、苏州电话局旧址等历史遗迹。

**交通**：地铁 4 号线察院场站

**周边推荐**

**詹氏花园**

阎邱坊巷 4—6 号为詹沛霖故居，又名"五爱堂"。"五爱"指的是詹沛霖的三儿两女，体现了兄妹五人之间的团结友爱。詹沛霖在上海开设造纸厂，人称"纸大王""纸老虎"。

东坡已打卡

## 定慧寺

定慧寺是苏东坡晚年来苏州游玩常待的地方，因为他与定慧寺住持僧守钦交往甚密，寺内甚至专门建造一室供苏东坡来苏居住。每年深秋，定慧寺的银杏便进入最佳观赏期，大雄宝殿前两株古老的银杏树金黄耀眼，落叶铺满整个院落，颇为壮观。

**交通**：地铁1号线、6号线临顿路站，6号线望星桥苏大站

周边推荐

## 双塔市集

双塔市集采用的是一半菜市、一半食铺的模式，它在传统市集的基础上结合了餐厅，让年轻人也愿意驻足菜市，左手咖啡，右手菜篮，美式和菜场也很搭调。离市集不远还有一家苏式绿豆汤店铺，喝上一口，妥妥的夏日续命快乐水。

## 双塔

罗汉院双塔，建于宋代的古塔建筑，千余年来多次修理塔刹相轮，结构式样保持不变。塔的外壁虽为八角形，但内部方室仍沿袭北魏以来旧制，实为唐宋之间砖塔平面演变的实物例证。

## 甲辰巷砖塔

甲辰巷砖塔高6米多，五层八面，各层四门四窗，方位逐层相错，全身以清水砖砌成，是苏州宋代的宋式小型砖塔的实物例证。

## 苏州市旅游咨询中心（凤凰街中心站）

这里的二楼是拍双塔的经典机位，如果碰上多云的天气，那更是有蓝天白云近在眼前的即视感。

遇到 Crush 先别慌，
发个朋友圈

当代人遇到 Crush（真爱），i（内向）一点的就偷拍一张发社媒，并温馨备注"拍得不好，真人更好看"。e（外向）一点的就直接加上微信，然后把两人推推拉拉、试试探探的聊天记录发社媒。总之，人类心动之后分享欲好像就会变得异常旺盛，生怕这个世上还有人不知道他的心动。这一点，北宋浪子贺铸也差不多。

那是一个春末夏初的傍晚，横塘边柳絮翻飞，从醋坊桥乘船来到横塘的贺铸遇见一位女子。她步态轻盈，连背影都美得让人回不过神。心动间，女子渐行渐远，一场不为人知却惊心动魄的艳遇就这样发生了。

久久不能平静的贺铸仿佛被点燃了。他以为自己的生活早已平淡如水，发妻离世，官场失意，隐居苏州是他高傲灵魂最后的倔强，可没想到，一个连姓名都不知的身影让他在接下来的一年多的日子里夜夜辗转反侧。

他"上头"，他创作，他甚至半夜敲开朋友的家门分享自己难耐的情感和因此产生的作品。那些因为"芳尘去"才有的"断肠句"一经发表就成了爆款，一场仅自己可见的"单相思"最后弄得世人皆知，狂热粉甚至给他改了昵称，赠名"贺梅子"。

横塘也是没想到，自己的戏路居然这么宽，不仅能容纳范成大的田园理想，还能安放贺铸的款款深情。

作为当时水路要道的横塘设有渡口，几乎每天都上演着相遇与别离的故事。这些生动古老的故事永远留在时光的印记里，而贺铸则为它倾注了最深情的一笔。

**横塘驿站**位于横塘镇北端的彩云桥堍、京杭大运河与胥江交汇处。驿站现存一亭，是全国为数不多的古驿站建筑，也是苏州仅存的一座。这座驿亭是原来横塘驿站的大门，不知多少文人骚客"打卡"过这里并留下诗文。门前有一副对联——"客到烹茶，旅舍权当东道；灯悬待月，邮亭远映胥江"。作为苏州"运河十景"之一，横塘驿站经过修缮，以崭新的面貌呈现在世人面前，继续传承运河文化记忆。

驿站外的三孔石拱桥彩云桥横跨胥江，面朝大运河。胥江历史悠久，由春秋时期吴国大臣伍子胥主持开挖，水源来自太湖，最终流向苏州古城胥门外的环古城河。2014年京杭大运河成功申遗，胥江作为运河故道之一，被纳入世界文化遗产大运河苏州段。

**交通**：地铁 2 号线桐泾公园站

# 他与石湖的相遇，是上天注定的缘分

　　苏州石湖作为吴中胜景，并非徒有虚名，众多历史人物在此留下踪迹。

　　南宋有个人叫范成大，晚号石湖居士，没人比他更了解石湖。用现在的网络流行语来介绍，范成大就是石湖的"野生代言人"。在他一系列操作下，石湖美名远播，越来越多文人墨客、达官显贵闻名而来。

　　石湖之名的认证，也得益于范成大。

　　南宋以前，"石湖"二字的由来是个谜，老百姓对此众说纷纭，一直未能定下一个让所有人都信服的说法。南宋时期，范成大辞官隐居石湖，宋孝宗赐书"石湖"二字，石湖自此有了官方认证。因此，谈起石湖时，大家自然而然会把它和范成大联系起来。

　　作为退休后隐居之地，石湖不论是自然风光，还是地理位置都契合着范成大的要求和喜好。于是，他在石湖相继建成石湖别墅、天镜阁、玉雪坡、锦绣坡、梦鱼轩、绮川亭等，打造了一个居住、休闲、娱乐的理想"生活圈"。

不得不说，古人真的很会生活！

赋闲在石湖时，范成大既是诗人也是园丁。他所写的《田园四时杂兴六十首》冠绝一时，他也因此被誉为"中国田园诗的集大成者"。又因钟爱梅花，他特意在自家辟出一块玉雪坡用于植梅，并潜心研究，写下世界上第一部梅花科学专著——《梅谱》，给后世留下了重要的参考文献。为了沿袭历史、纪念范成大，石湖景区广植梅花，建成"梅圃溪堂"景观。

石湖因范成大而闻名，范成大也因石湖而写下无数诗词著作，二者相互成就，才有了今天的繁华光景。南宋名相周必大认为，石湖曾经载过范蠡和西施，所以千百年来，它在等待另一位范氏后人的出现。大概只有这上天注定的缘分，才能解释石湖与范成大之间千丝万缕的关系。

**石湖**是个开放式景区，无需预约，门票免费，白天晚上皆可去。整个景区以吴越遗迹和田园风光著称，集湖泊、岛屿、宝塔、长堤、园林为一体，其中"石湖五堤"风景极佳。当然，行春桥也是不能错过的打卡点。范成大曾说："凡游吴中而不至石湖、不登行春，则与未始游者无异。"行春桥畔是看串月的最佳处，八月十八游石湖、看串月是吴地的传统民俗。

**交通**：地铁 3 号线石湖北站

103

# 沈寿：搞事业的姐姐才是"YYDS"

石湖湖滨景区里有个湖中"小岛"叫渔庄，可供游人品茶、休息、垂钓等。"渔庄"是官方叫法，民间叫"余庄"。民国二十二年（1933），前清举人余觉在范成大石湖故址天镜阁建造私人别墅，次年宅院落成。当时余觉给别墅取的名字叫"觉庵"，并专门开辟了一间福寿堂，纪念逝世十余年的妻子沈寿。

沈寿是著名刺绣大家，原名沈云芝。余觉和沈云芝是一对贤伉俪，婚后的日子一直其乐融融。后来，两人感情出现嫌隙，衍生故事更是为外界热议。余觉善书画，沈云芝善刺绣，在某次沈云芝研究刺绣时，余觉一拍脑袋，想了一个"金点子"：把他的书画融入妻子的刺绣之中，打造"沈云芝独有"的刺绣作品。与众不同的绣品让沈云芝从绣娘中渐渐脱颖而出。

而让沈寿之名名扬天下的，是慈禧亲笔书写"福""寿"两字赐给余觉夫妇之事，慈禧夸赞沈云芝的绣品为"绝世神品"。自此，沈云芝改名成了"沈寿"，余觉也改成了"余福"。渔庄里的福寿堂，因此得名。现在，福寿堂的匾额之上还悬挂着另一块匾额，上面写着四个大字"懿旨嘉奖"！

# 规划很重要这件事，苏州特别有发言权

所谓"天、地、人、城"指的是保存在苏州碑刻博物馆内的《天文图》《地理图》《帝王绍运图》和《平江图》碑。四碑均为南宋刻石，距今近千年，1961年被国务院列为国家一级重点保护文物。都说古代中国科技树爬得快，领先欧洲几百年，这4块ика碑就是铁证。

《天文图》是世界公认现存最古老的星象实测图。《地理图》绘制了古代中国的山川河流、湖泊与海岸线，各级行政机构路、府、州的位置。《帝王绍运图》则记录着从"三皇五帝"的传说时代开始一直至南宋理宗，历经3500年，195位君主的王朝更替脉络。《平江图》就更了不起了，是我国现存历史最久、最完整的城市平面图，在世界上也是较早的城市石刻平面图，更定下了苏州千年之后的城市性格和文脉传承。

唐代的苏州全城有古坊60座，纵横街巷300多条，300多座桥梁连接着大大小小的棋盘格，城市建设到达了一个前所未有的高峰。

南宋苏州郡守李寿朋站在报恩寺塔上，眼前是望不尽的繁荣，他决心将城市的脉络刻成石碑，永远流传下去。这就是《平江图》石碑的来源。如今在平江路南入口也有一块复制品。从图中可以看出，宋代的苏州城被大运河环抱，阊门、盘门、娄门、葑门和齐门，5个水陆城门分布在16千米长的矩形城墙上，水陆并行的双棋盘格局和小桥流水人家的江南意象在当时就是城市的主基调。20条河流与20条大街纵横交错，坊市、衙署、楼阁、寺观、园林等建筑布局周密。其中相当数量的街名、河名，甚至是城外的山丘、湖泊，依然能和当下一一对应。

《平江图》就是苏州城的缩影，历经千年，依然延续了唐宋以来的城市格局和苏式美学。苏州城的人，正像苏州城的水，缓缓流遍千家万户，虽无意掀起波澜，却始终保持着惊人的活力。

**苏州碑刻博物馆**位于苏州文庙内，是专门收藏、研究、陈列和复制古代碑刻的专业性博物馆。最著名的藏品即四方宋代碑刻《平江图》《天文图》《地理图》《帝王绍运图》。

**交通**：地铁 4 号线三元坊站

# 文庙四大宋碑

按《元史》记载，北宋分别于景祐、宝祐、元丰、崇宁年间曾组织过四次天文观测活动。《天文图》是根据元丰年间的测量结果所绘制的，详细刻画了古人所观测到的"二十八星宿"内的 1440 颗星，被西方誉为"世界上最古老的东方星宿观测图"。

《地理图》所绘乃是当时的山川、河流、海洋和地方建制等情况，图下面还有图注，希望此图可以作为嘉王日后收复失土的依据。

《帝王绍运图》从传说中的三皇五帝直至南宋理宗，历经 3500 年，记录了 195 位君王，是一幅详细的帝王更替图。

《平江图》乃是苏州平面图，是现存世界上最早的、最详尽的石刻城市平面图。《平江图》刊刻于南宋绍定二年（1229），详细呈现了苏州城的形制和街道、桥梁和城门等景观。

# 姑苏古桥知多少

苏州湖网密布，河道纵横，众多桥梁也应运而生。它们穿过唐宋，越过明清，融入现代的生活。

### "最古"——乌鹊桥

乌鹊桥是苏州城中最古老的桥，相传这座桥与阖闾城同时建造。宋代朱长文的《吴郡图经续记》记载，春秋时期，这里曾设有乌鹊馆，桥名便是由此而来。白居易在苏州担任刺史时多次吟咏它，留下了"乌鹊桥红带夕阳""乌鹊桥高秋夜凉""乌鹊桥头冰未消"等诗句。

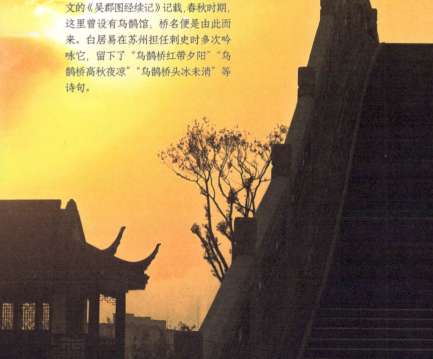

### "最宽"——普安桥

普安桥位于阊门外上塘街，建于明弘治十四年（1501），清嘉庆年间重修。普安桥宽 21.2 米，是苏州现存最宽的古桥，整座关帝庙都建于古桥之上。

### "最动荡"——觅渡桥

觅渡桥始建于元代，位于苏州古城东隅外城河与大运河的联结处，是水陆交通要道，属兵备要地，所以这座桥经历过很多战役。三国周瑜在此操兵点将；明代在桥东建敌楼抵御倭寇；太平天国时期，这里有重兵把守；清开埠后，这里又成了"租界要津"，洋人任税务司的"苏州税关"就在桥西堍。

### "最繁华"——万年桥

《苏州府志》曾提及胥江上有座万年桥，明嘉靖时苏州官府为了奉承宰相严嵩而拆除此桥，将石料献给严嵩，自此胥门二百余年无桥。直到清乾隆五年（1740）由苏州知府汪德馨主持集资重建了一座"万年桥"，题额"三吴第一桥"。万年桥以繁华出名，至 20 世纪 40 年代，周边一带尚有店铺商号 165 家，是姑苏贸易的鼎盛地带。

# 走过平江路，
# 才算到过江南

"扬州驿里梦苏州，梦到花桥水阁头。"曾经在这里当过太守的白居易，离任后在扬州留下了这句诗。相比他在任时写的"绿浪东西南北水，红栏三百九十桥"，这座花桥与其他三百八十九桥又有何不同呢？

"花桥"这个名字唐代就有了，东西两侧的小巷分别叫作东花桥巷和西花桥巷。下了桥往东走是十泉里，也就是现在的平江路。白居易人都到扬州了，还能梦见花桥水阁头。忆的是苏州，念的也许就是平江路吧。

平江路，一条承载着千年姑苏历史与文化的古街，以它独特的江南水乡风情吸引着形形色色的人，平江路所在的平江古巷集群，是苏州现存最典型、最完整的古城历史文化保护区。

在平江路上经过任何一个拐角，都可能有另一片天地的现身——可能是一个四方的小天井，墙角泛着青苔，凌霄花盖在墙头如瀑布一般；可能是一座小小的石桥，跨过同样小小的河流。阿婆自家门口摆着的绿豆百合汤小摊，好喝！甜！街坊大爷们用听不懂的苏州话在聊天，那也得硬凑上去假装听懂了。苏州人家门前挂着的形似利剑的菖蒲，通常是与艾叶、大蒜头组成的夏日组合，颜值很高，好看！合影！这些都是苏州人稀松平常的本色生活，既是原生态的苏式情调，同时也是游客心向往之的江南之旅。就在这片平江历史街区里，"旅游即生活"融合得恰到好处。

钮家巷的"贵潘"潘世恩故居，如今成了状元博物馆，斜对面是江澄波先生守护了一辈子的文学山房。往北走一段小路是大儒巷的昭庆寺旧址，曾经也是大儒中心小学的所在地，如今正在打造"大儒巷38号"新文旅品牌。

过青石桥就能见"富潘"礼耕堂。这是苏州古城内留存不多的清代前期建筑，砖雕门楼是一大看点。再往前就是卫道观，宰相申时行在这儿读过书，现在是苏扇博物馆。

南边还有苏州现存会馆建筑中规模最大、保存最完整的全晋会馆，以前晋商们在这里搭戏台，相聚集会，现在成了昆曲博物馆。要知道400多年前，附近的深宅大院可都是养着家班的。

悬桥巷开了好几家精致咖啡馆，小巧而别致。附近还有洪钧状元府、钱伯煊故居、顾颉刚故居，再走几步就是东花桥巷，白公曾经魂牵梦绕的地方。大唐宝历元年（825）的花桥水阁头如今已经难觅踪迹了，但白公心中那片繁华千年未变。

五步一小巷，十步一座桥，百步一口井，平江路藏着太多苏州往事。如今走在平江路上，穿着旗袍与汉服的姑娘们优雅婉约，青石板和古桥在水中影影绰绰，船娘口中的吴侬软语让人神游，再点一份桂花糖粥，这就是苏州的味道。

## 平江路的秘密藏在这里

**平江历史文化街区**面积约为116.5公顷，距今已有2500多年历史。现存整体布局与宋代《平江图》基本一致，保持着"水陆并行、河街相邻"的双棋盘格局及"小桥流水、粉墙黛瓦"的江南水城风貌，堪称苏州古城的缩影。

**交通**：地铁1号线相门站，6号线悬桥巷站

## 东花桥巷汪宅

东花桥巷汪宅，即中和堂，位于东花桥巷33号。坐北朝南，共有三路六进。现存较完好的砖雕门楼3座，是保存得最为完整、年代最早的砖雕门楼之一。

## 汪氏诵芬义庄

汪氏诵芬义庄位于平江路254号，又名汪家祠堂。为徽商汪景纯与从子汪廷柟于清道光二十二年（1842）创办，置田1008亩，巡抚梁章钜题请建坊，潘世恩为之题写义庄记。义庄原为两路五进，由六扇门出入，宅前有河埠码头，宅后有花园池塘。义庄所立的功德坊，位于河边，木石结构的牌楼成为诵芬义庄的标志。

## 董氏义庄

董氏义庄位于建新巷。现存建筑朝南，两落三进。道光四年（1824），茶商董秉玗经商致富后，以私蓄18293两白银购田1003亩，捐为义田，并建义庄。道光皇帝给予嘉奖，建"乐善好施"牌坊，状元吴廷琛曾为此作记。

## 顾颉刚故居

悬桥巷东头的顾家花园4号里是著名历史学家、民俗学家、古史辨学派创始人顾颉刚先生的故居。他是现代历史地理学和民俗学的开拓者、奠基人。

## 苏肇冰故居

顾家花园13号是著名物理学家苏肇冰的故居。这座两层高的民国风洋楼，面阔三间，有着青砖外墙和四向坡屋顶，于2003年被列为苏州市控保建筑。

## 文起堂

文起堂是明嘉靖年间苏州名士张献翼故居，位于干将路128号。张献翼与兄张凤翼（戏曲作家）、弟张燕翼（画家）并有才名，号称"三张"。文起堂坐北朝南，现存轿厅、大厅及东西两厢房。整体形式、构筑风格充分体现了明代建筑特征，具有较高艺术价值。

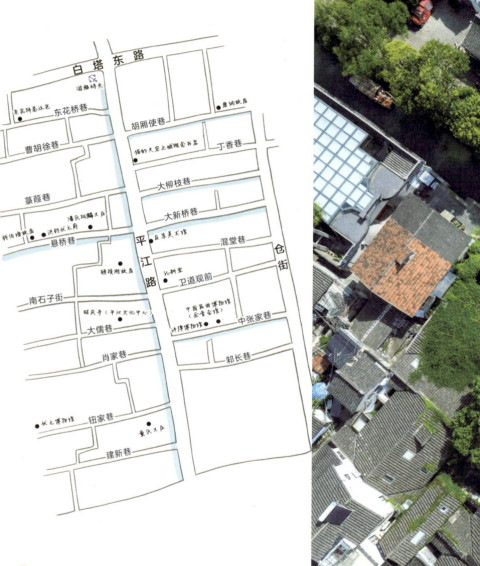

一条平江路，半座姑苏城。

117

# 玄之又玄，众妙之门

在繁华热闹的观前街上，玄妙观是一处特别的存在，杏黄色的外墙以及观内袅袅飘出的烟，将它与闹市隔开。道观往往寄托着大家对于学业、家庭、健康、财富的希冀，玄妙观也不例外。"玄妙"一词出自老子《道德经》中的"玄之又玄，众妙之门"，玄妙观除了承载大家的美好祝愿之外，对于对建筑感兴趣的人来说，也是"妙不可言"。这就必须要提观内的三清殿了。

1936 年，著名建筑学家刘敦桢先生通过实地勘测，科学地论定了三清殿"自南宋淳熙六年（1179）赵伯骕重建后，虽迭经修治，然无再建之记录，且观其结构式样确属南宋所构"的事实。这既是千年道观最大的一件幸事，也是中国古建筑的一个奇迹。三清殿是长江以南地区唯一的九开间宋代木构遗存，也是两宋现存木构中的体量之榜首。

三清殿面阔九间约 45.6 米，进深六间约 25.3 米，殿高至正脊约 26 米，重檐歇山顶，覆灰瓦，正面看去极为高耸，正脊中央安放铁铸"瓶升三载"，两旁朝南书"风调雨顺，国泰民安"。这样的殿宇尺度即使在周围的现代商业大楼旁，依然不显局促，甚至俯瞰更为宏大。

三清殿殿堂内的砖用的是北京故宫太和殿的同款——苏州御窑金砖。殿内外共用柱 70 根，由内外三圈柱网围合而成，36 根朱漆丹柱加扇面墙 4 根抹角方石柱，与四周 30 根八角形青石檐柱纵横成行，排列整齐，形成"满堂柱"结构。所谓"满堂柱"即用柱内外一致，七列十柱，柱网布满整座大殿，无空置柱位。其中 36 根朱漆丹柱顶部使用"刘铺作重抄上昂斗栱"，符合《营造法式》中对上昂形制的描述，是国内的孤例。

怎么样，绝对会让爱好建筑的人狂喜吧！

**玄妙观**被称为"江南第一古观"，是中国八大道观派系之一，创建于西晋咸宁二年(276)，是道教正一派丛林胜地之一。玄妙观现有正山门、三清殿、文昌大殿、财神大殿等配殿。中路为正山门、三清殿，东路为文昌殿、慈航殿，西路为太岁殿、财神殿。

玄妙观各朝各代都有重建，幸运的是南宋的三清大殿得以保留。三清殿重建于南宋淳熙六年(1179)，是江南地区唯一的重檐歇山九开间宋代木构遗存，也是两宋现存木构中的体量之榜首，是苏州仅存的一座木构殿宇式建筑。

**票价**：10 元 / 人

**地址**：观前街 94 号

**交通**：地铁 6 号线悬桥巷站

**①**

**《靠天吃饭图》碑**

现存于玄妙观祖师殿遗址碑廊。话虽俚语，实为劝世之良言。画面上是一位古装小人，捧着饭碗，靠在大大的"天"字旁边。

**②**

**《老子像》碑**

老子是先秦诸子之一，著有《道德经》，后被道教尊为始祖。玄妙观三清殿西楹有老子像碑，画像系唐代"画圣"吴道子的手笔，画像上方文字为唐玄宗所题御赞，由唐代书法家颜真卿书就。

**③**

**《重修玄妙观三门记》碑**

玄妙观正山门内的《重修玄妙观三门记》碑，记载了玄妙观在元代曾发生过的一段历史，碑由元代学者撰文，书画家赵孟頫书写并篆额。明代艺术评论家李日华评此碑为"天下赵碑第一"。

**④**

**"天下第一件好事还是读书"**

苏州文运昌盛，历代以来状元辈出。玄妙观的文昌殿始建于唐朝，大门两侧曾书有一联："世间数百年大家无非积德，天下第一件好事还是读书。"

# 人在苏州，总要"荡"一回观前

来到苏州这座有着深厚历史底蕴的城市，总要去最繁华的地方去看看。古城中心，有着千年吴文化历史浸润的观前街，是游客们的必打卡之地。

观前观前，说的就是玄妙观前。作为江南著名道观，玄妙观规模宏大，香火旺盛，这份人声鼎沸由观内延至观外，奠定了观外繁华商圈的基石。

"白相（玩）玄妙观，荡荡（逛）观前街。"是老苏州经常挂在嘴边的话。现在虽然嘴上说不去观前街，但是清明买青团、中秋买鲜肉月饼、冬至排队零拷冬酿酒，苏州人"不时不食"的理念还是推着诚实的身体一次次踏上观前街。

这里不仅是老苏州的必去之地，不断更新中的观前商圈也在吸引一波又一波的年轻人。黄天源、三万昌、陆稿荐卤菜、采芝斋等百年老店林立，承载着姑苏的特色与乡愁；鳞次栉比的特色小店、丰富有趣的特色市集，这里又满载年轻人的新奇与乐趣。观前街，值得反复"荡一荡"。

**黄天源**是名副其实的糕团大王，始创于清道光年间，店里的糕团都是纯手工制作，满足了苏州人"不时不食"的讲究。过年吃糖年糕、二月二撑腰糕、四月十四神仙糕……黄天源简直能承包苏州人一年四季的糕团，在不同时节给出不同口味的甜蜜软糯。黄天源的糕团色泽鲜艳，以香、甜、细、糯著称，尤其是桂花糖年糕、五色小圆子、猪油年糕、八宝饭各具特色。黄天源是首批"中华老字号"名店，其苏式糕团制作技艺为江苏省非物质文化遗产。

**地址**：观前街 86 号

**陆正兴面馆**创建于清光绪年间，被坊间誉称为"姑苏陆面"，以苏帮花式面浇为特色，苏式汤面（鸳鸯鳝面）制作技艺被列入姑苏区非遗名录。这碗面的浇头讲究，要用细如笔杆的黄鳝。在炒制时还要兼顾鳝丝、肉丝不同的成熟温度。恰到好处的火候保证了鳝香、肉香融合的独特口味。既可以过桥吃，又可以拌面吃。陆正兴曾荣获苏州"双十佳面馆"等称号，还是"江苏老字号"。

**地址**：旧学前 70 号

**绣娘丝绸**是始创于 1896 年的江苏老字号，苏州非物质文化遗产保护单位。曾经织造府的顾绣工坊，历经了五代人的传承，成为中国丝绸及苏绣的代表品牌。在国际上，"绣娘"连续十年代表中国丝绸参展了 2010 上海、2015 米兰、2020 迪拜世博会。在坊间，"绣娘"丝绸则以"顾氏手工"及其精美的画绣工艺和宫廷苏绣工艺闻名。其产品从服装丝巾到家居用品都有，是苏州人购买丝绸的首选。

**地址**：观前街 145 号

每个城市都有一条代表性的街。
在苏州人的心里，观前街是绕不过去的。
这不是一两句就能描述清楚的感情，
这是属于这座城市的烙印。

# 在狮子林中长大，是种怎样的体验？

　　世界级建筑大师贝聿铭的青少年时期，有一部分是在狮子林度过的。谁让他的祖父直接把狮子林给买下来了呢。

　　一放暑假，这座静立于苏州古城东北隅的名园便成了贝聿铭的乐园。穿梭在狮子林的洞穴、石桥、池塘、瀑布之间，他对于园林古典建筑的认知日益丰满，中式审美的雏形也在不知不觉间悄悄形成。仲夏的午后，坐在狮子林的假山上，亭台的倒影和婆娑的树影在贝聿铭眼前一晃而过，一个关于空间和光影的灵感悄然萌芽。

　　狮子林，某种意义上可以说是一代建筑大师设计之路上的精神原点。直到晚年，贝聿铭还把狮子林亲切地称为"我的家"。

　　这是民国初年的事情，而在贝氏家族之前，狮子林的故事还很长。

　　从北宋说起，徽宗好奇石，苏州就立马成立"苏州应奉局"，专门负责太湖石的搬运。但一部分太湖石还在路上的时候，靖康祸起，北宋灭亡。这些被搁置在苏州的太湖石一搁就是 200 多年，直到元代，天如禅师的信徒出资建造禅院，这些太湖石一如当年模样，高耸林立，状类狮子。

　　一个朝代走向风雨飘摇，另一个朝代就将取而代之，唯有狮子林犹自岿然不动，"泉益清，竹益茂，屋宇益完"。

　　这 600 年间，狮子林游人如织，最出名的游客当属乾隆皇帝。乾隆是看了倪瓒的《狮子林图》被"种草"的，据说当时兴冲冲地带着画就下了江南。相比初建时只有佛殿、经阁、山门，清代的狮子林已经山环水绕、花木葱茏，和倪瓒画中所绘场景如出一辙。乾隆得见此景，龙颜大悦，在假山中"玩上了头"，直到回京都念念不忘，后来每次南巡都必来狮子林"打卡"。

　　2003 年，适逢苏州博物馆奠基，96 岁高龄的贝聿铭受邀回苏，还在狮子林摆了一桌家宴。这一年，贝聿铭再一次回到了"他的家"。

**狮子林**是元代私家园林的典型代表，始建于元代至正年间，也是苏州四大名园之一。

**票价**：旺季 40 元 / 人，淡季 30 元 / 人，需实名制预约购票

**地址**：园林路 23 号

**交通**：地铁 6 号线拙政园苏博站

每年一月份，都是赏**蜡梅**的好时机，尤其是去苏州园林里。狮子林喜在回廊拐角处植蜡梅，这样不管是从哪个方向走来的游客都能欣赏到不同"画框"中的蜡梅，最常见的是花窗，还可以是门洞、梁柱、枝叶……狮子林的蜡梅是懂中式美学的。

有多少人在狮子林的**假山**中迷路了的? 这边集合! (于是乾隆走了过来)

狮子林的面积不大, 还不及拙政园的五分之一, 但假山却足有一公顷多, 有一进门的旱假山区、荷花池中的水假山区、园子南边复廊旁的南部假山区……盘旋曲折、洞壑回环, "不出城郭而得山林野趣" 是狮子林最宝贵的意趣, 也是狮子林名扬天下、位列苏州四大古典园林之一的重要原因。

# 一个历史中的"普通人"
# 为何屡受苏州人民爱戴

好，本篇开头就让我这个"新苏州人"先教大家一个词："讲张"。你可以跟着拼音来读："gàng zāng"。

那，很明显，"讲张"出现在这里肯定是和张士诚有关啦。此词为何意且为何有关？看到结尾，你自然晓得。

先下结论，张士诚这个元末三杰的"普通人"并不普通。

身为"普通人"的张士诚，游戏开局那必然不会顺利。他的主业是贩卖私盐，但有些人看他是私贩，干的是杀头的买卖，于是就故意少给钱甚至不给。那不给钱就算了嘛，更过分的是还辱骂我们这位"普通人"。张士诚咽不下这口气，叫上了他的3个弟弟以及好哥们张伯升等18人，灭了那些曾经侮辱他的人。

杀人包偿命的，贩盐这条路是堵死了，剩下的也只有造反这一条"恢宏大道"了。于是，在张士诚的领导下，就有了"十八条扁担起义"的故事。

众盐贩自知在元朝统治压迫下毫无尊严，活路难求，于是纷纷加入了张士诚的起义大军。在元至正十三年（1353），"普通人"张士诚的队伍已经多达1万人，并占领了高邮。张士诚建大周，自称"诚王"。

3年后，他派弟弟张士德渡过长江侵入常熟，并一举攻下平江（那时的苏州），最终占据了江苏、浙江大片地区。

张士诚从高邮迁来，改平江为隆平府，修建宫殿作为王府，从此励精图治，不断开发苏州"板块"。苏州的南园路、北园路就是张士诚时期派军队和农民一起开辟的荒地。通过鼓励农桑、兴修水利、广纳人才等举措，他让元末乱世的苏州，重新焕发了经济活力。这也吸引了大量有才之士前来投奔，其中就包括施耐庵、罗贯中等人。据说，《水浒传》中宋江的原型，就是张士诚。

虽然张士诚颇受苏州人民爱戴，但也抵挡不住朱元璋一统天下的野心。作为"普通人"的他最终还是败了。

回顾张士诚的一生：私盐贩子出身，打下一片疆土。但在保境安民的主要思想下，没有锐意进取。你或许可以说是姑苏城这片土地的繁华，消磨了英雄志气，但也可以说张士诚在一方乱世中，为苏州人民做了极大的贡献。毕竟打打杀杀只成就英雄，保世安民才利于百姓。

要说张士诚是身死功销，那倒也不见得。这600年来，每年的农历七月三十都会有不少苏州人烧"九四香"来纪念他。九四是张士诚的小名，而七月三十正是他的生日。说回开头的"讲张"的由来，是因为苏州百姓对张士诚心怀感激，时常私下里谈论他。朱元璋知道后，下令禁止谈论张士诚。久而久之，"讲张"这一词便演变成了聊天、交谈的意思。

这也是大家纪念这位在乱世中保百姓安康的"普通人"最好的方式吧。

大家一定很好奇隆平府现今在何处吧。当时朱元璋打败张士诚后，张士诚的王府已然被烧成了废墟。隆平府所在地就改称为"王府基"。随着时间的推移，这片废墟就被百姓建房居住，形成了小巷——**皇废基**。地点就在苏州城区中部，苏州子城区域。

**交通**：地铁1号线乐桥站

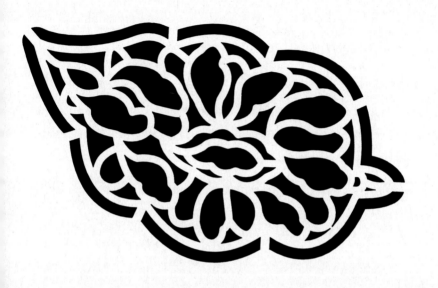

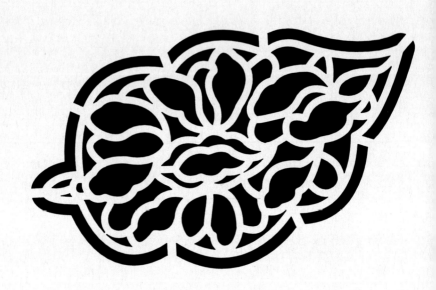

明

优雅自成一派

线条勾勒粉墙黛瓦
笔墨书写人生沉浮
木头、果核、丝线、纸张
指缝间变幻出精巧的神奇
引领延续百年的风尚
咿咿呀呀的酥腔跨越时空
勾起一抹愁绪名叫思乡

# "苏州"品牌，
## 500 年前的

# 国货
# 潮牌

1367 年，朱元璋的军队攻破平江城，改平江路为苏州府，领吴、长洲两县及昆山、常熟、吴江、嘉定四州。

全国人口最密集的地区、全国最大的商业城市、全国文化中心……在成为"最强地级市"的 500 年前，明代的苏州已经集众多荣誉于一身了。

吴门画派就是其中的代表。以沈周为首的吴门画派以高超的绘画技艺和雅韵的艺术品位，成为"中国古代画史上规模最大、最具影响的流派"，引领了此后几百年的风尚。吴门画派的崛起与造园技术的兴盛相辅相成。这一时期，苏州古典园林建设迎来了大基建时代。众多文人画家躬身入局，参与造园运动。做官做得不太开心的王献臣来到苏州与文徵明一起建了拙政园。如今成为"网红打卡点"的艺圃前身也源于明代。据统计，明代兴建的苏州园林多达 276 处，"园林之城"的美誉由此而来。

这些工艺品既有匠人的精巧构思，
又有超前的审美情趣，
一时间造就了时尚的苏州品牌。

　　苏州也在这一时期成为著名的"工艺之都"，苏绣、缂丝、宋锦、桃花坞木版年画、苏扇、装裱等苏工苏作迎来高光时刻。如红木家具因为简、线、精、雅的特点备受追捧，新款几乎还未"上架"即宣告售罄。夸张点说，江南文人家里没点"苏州造"都不敢称自己是文人。这些工艺品既有匠人的精巧构思，又有超前的审美情趣，一时间造就了时尚的苏州品牌。

　　这些引领时代的器物通过大运河进京，出现在达官贵人的生活里，一同前去的还有昆曲的戏班子。魏良辅等人大胆编曲，将昆曲变成了流行全国的演出形式。那时，知名的戏班出新曲子必须到苏州学习，甚至花重金从苏州请老师去实地教学。苏州元素成了重要卖点。

　　276 年的时间里，吴门书派、吴门印派等众多带着苏州字样的艺术形式广泛影响着中国，成为无可取代的国货"潮牌"。

# 告别阊门的船，载不动许多愁

没有人知道他们接下来去往何处，家在何方，甚至是生是死。

但他们都知道，阊门一去，从此再也无法回来。这一别，即是永诀。

大明洪武三年（1370），苏州阊门外的北码头，愁云惨淡，哭声震天，人们拖儿带女扶老携幼，朝着阊门最后哭拜一场，就此登上官船一路向北。家乡就此成了异乡，成了一个心系魂牵 600 年的梦乡。

这一年，阊门外的哭声从年头贯穿年尾，14 万苏州人、江南人被迫离开家园从这里出发，去往江北的凤阳府、淮安府，在那片陌生的土地营建新家。

这就是著名的"洪武赶散"，朱元璋在明朝初年发起的大规模人口迁徙活动。"赶散"一词本身就带有强制、驱散之意。据传朱元璋此举，是为了惩治曾激烈抵抗明朝部队的"吴王"张士诚旧部，是为了报复江浙地区人民对张士诚的同情、拥戴，也是为了抑制江南地区富豪望族如沈万三

之流千力。这种迁徙前后持续 100 余年，苏州、松江、杭州、嘉兴、湖州江南五府超过 40 万人丁被驱赶到苏北。

如今，在扬州、盐城等地许多人的语言里，习惯称睡觉为"上虎丘"，称做梦叫"上苏州"，尤其是对晚上遗尿的孩童，戏称他们是坐船"回苏州"。而说起自己的祖籍，都会异口同声称来自"苏州阊门"。

事实上，40 万之巨的北迁人口，不可能全是苏州人，更不可能都是阊门人。只因那时的阊门凭京杭大运河之利，是江南重要的水运交通枢纽，南来北往极其便捷。朝廷在这里设置专门办理迁徙事务的衙署，江南移民们集中在这里登记造册、编排次序、发放凭据，并统一由此离开苏州、离开江南。对于背井离乡的移民们来说，阊门是他们在江南的最后一站，这座城门就成了故乡的象征，成为绵绵乡愁的寄托。此后由于年代久远和朝代变更，后裔们无法考证先祖到底住在苏州或江南何处，于是经过一代代人口口相传，都自称祖上世居阊门外。这就如俗语"上苏州"一样，蕴含着一种"梦回苏州"的情结。

今天，阊门外运河边，只有一块石碑默默矗立，无声诉说那段久远的历史。每年都有许多苏北人来到这里，凭吊家族的过往，一圆回到苏州的梦。

**阊门**是苏州古城门之一，由于山塘河与外城河、上塘河（直通京杭大运河）在此交汇，这里自古以来便是苏州最为繁盛的街市。

**交通**：地铁2号线山塘街站

延秋舫

苏州人有自己的『青天大老爷』

小时候看《包青天》，除了那黑面、月牙，包拯超绝的断案能力更是让人记忆深刻。殊不知，在西美巷里，也藏着一位与其齐名的苏州"青天"——"况青天"况钟，与包拯、海瑞合称为"中国三大青天"。

盘点况公的事业线，他走的并不算当时的科举正途。况公家境贫寒，起于刀笔小吏，但由于才能出众，30岁出头时被推荐为仪制司主事，后升迁为礼部郎中，才算正式踏进官场。

那年，况钟47岁，这位有志中年来到苏州任知府。况公上任后，做了很多事，比如每天审一个案子，比如曾设两本簿籍记录乡民的善恶，用以奖惩……昆曲名作《十五贯》讲述的就是苏州知府况钟如何在发现两件冤假错案的疑点后，连夜请求复审，最终为百姓平反昭雪的故事。其实《十五贯》本是南宋的传奇故事，清末文人将之改成话本后将故事背景放在了明朝，选定苏州知府况钟作为平反冤假错案的关键人物，足以见得况钟的"清""刚"饱受百姓的认可。

况公到任刚8个月，就清理了1500多件案子。这搁现在，绝对是不知疲倦的"牛马"精神啊！百姓都说他是"包龙图再生"，每次任期将满时，朝廷就会收到苏州百姓的万人联名上书，甚至有人躺在其离去的路上，就为了让其留任。最后况钟在苏州兢兢业业13年，留下了"三留三任"的佳话。

讲个不太冷的冷知识，明代知府按制三年一任，做得好的顶多连任一届。苏州作为当时的丝绸之府、漕运枢纽、税赋要源，要在此连任难上加难，而况公却连任了三届。强到什么程度，大家自行感受下吧。



**况公祠**位于西美巷31号，是目前苏州仅存的纪念况钟的专祠，为苏州市文物保护单位。原址在明代曾为五显庙，据传况钟丁忧时曾借寓庙中读书会客。清代建为况公祠，现存建筑为同治年间重建。如今的况公祠几经扩建，以况钟的廉洁事迹为主线，由古戏台、壮阔生平厅、卓越功勋厅、政德润苏厅等部分组成。

**交通**：地铁1号线、4号线乐桥站

# 西美巷 citywalk

　　长不足 500 米的小小西美巷，凭借街内过高的咖啡因含量跻身苏州网红街巷之一，成为咖啡爱好者必打卡之地。

　　每到春天，西美巷就会因为两棵美不胜收的楝树又圈一波粉。这两棵网红楝树就一前一后长在延秋舫边，同况公"三留三任"的事迹一起，听历史回响，拂两袖清风。

　　西美巷周围还分布着几条小巷子，也都各具特色，极其适合漫游路线。

况公祠

西美巷

**西美巷**

西美巷有咖啡店，还有家好吃的馄饨店，可以为徒步时提供些许能量。

**大石头巷**

相传巷中曾经有块陨石，因此名为"大石头巷"，但据附近居民说，如今巷中并没有什么陨石。它是《浮生六记》作者沈复及其美丽的妻子芸娘的居住之地。

大石头巷 ⟶ 花行

## 花街巷、柳巷

两条巷子皆因名字而出圈，现在周围基本上都是民居，并没有半点想象中的脂粉气。从两条名字颇为香艳的巷子中出来，便有了些"片叶不沾身"的意味。

## 瓣莲巷

洪钧的祖宅就藏在巷子里，曹沧洲祠也在此。相传光绪年间，曹沧洲用三钱萝卜籽治好了慈禧太后的富贵病，从此一步登天，得了个九品顶戴。往西走不多远就是清微道院，其前身原来是南宋隐士沈清微的私宅。他将这家私宅赠给了道士，改建成了清微道院。

瓣莲巷

柳巷

# 人间百般滋味，
# 这里总多一种

**学士街**古名药市街，因明代大学士王鏊建第宅于此得此名。街长497米，现存有王鏊故居怡老园、陆宅等遗迹，在学士街的北端还有座王鏊祠。

**交通**：地铁1号线养育巷站

　　用"一半诗意，一半烟火"形容学士街再恰当不过。学士街原名"药市街"，因明朝大学士王鏊的故居怡老园位于学士街北段西侧的一条支巷——天官巷中，街名于是由"药市"演变成了"学士"。

　　说起王鏊大学士，他可是人人都想成为的"读书圣体"，读书天赋高，8岁读经，12岁能作诗，16岁善文，科举应试解元、会元、探花一气拿下，学问又做得好，文章一出广为传诵，能让无数读书人拜服，能力毋庸置疑。关键是他不仅能力强，思想站位还高，任皇帝的侍讲学士时不仅教经文，还能坚持教书与育人相统一；官至首辅依旧不忘本心，提携后生，为官清廉，辞官后也能潜心学问之道，埋头读书著作。无怪乎王阳明推崇其为"完人"，其学生唐伯虎也对其留下了"海内文章第一，山中宰相无双"的高度评价。

　　如今学士街上，不仅有学问渊博的大学士的故居，更有丰富的美食滋养着苏州的"新学士"们。作为苏州人的美食圣地，从街头逛到街尾，身体和精神总有一个是满的。学士街由干将东路隔开，一南一北各有特色。南段树木葱茏，特色咖啡馆林立，是白日休闲的好去处；北段是鼎鼎有名的美食街，各色美食与食客们的欢声笑语相映成趣，满是人间好滋味。

好喫！

老好歸花
麻辣牛蛙
吧 这得 很！

蒜蓉生蚝大油
边！老好吃了！

# 学士街 〈城市漫游〉
# citywalk

**学士街王鏊故居**

王鏊归隐后，其长子王延喆仿照故乡洞庭东山景物建造"怡老园"。文徵明、祝允明、唐寅等一批文化名士也经常在怡老园中写诗论文。

**苏州民族乐器博物馆**

苏州民族乐器博物馆是一座以民族乐器为陈列主题的专题性博物馆。苏州民族乐器制作历史悠久，门类齐全、品种繁多，以"苏"字命名的民乐乐器不在少数，"苏笛""苏箫""苏锣""苏鼓"……这里均有陈列。

**学士街咖啡店、清吧**

由北向南，过了干将西路的学士街咖啡店林立，随时可以停下来歇一脚，如果是晚上来，还可以小酌一杯。

**胥门城墙天空之门**

近年来，胥门成了苏州网红的"天空之门"打卡地，古朴的大门形成了一个天然画框，寻着城楼的阶梯而上，仿佛走进了另一个世界，非常适合多云天气前往。

开始走 ↓ 王鏊故居

苏州民族乐器博物馆 →

喝杯咖啡

### 蔡谨士蔡廷辉金石篆刻艺术馆

蔡谨士蔡廷辉金石篆刻艺术馆，即泉石小筑，馆内展出了两位大师的千余件作品。泉石小筑本身也是一件艺术品，是蔡廷辉亲手打造的一座园林。艺术馆外有不少"游手好闲"的猫，敏捷、黏人，走着走着路，就绕到你脚边撒个娇，或是倒在墙角，毫无防范地对你露出毛茸茸的肚皮。

### 古胥门码头

胥门是苏州除盘门外如今仅存的古城门，可以在古胥门码头附近游览，周边有伍子胥纪念园、接官厅、汤斌廉政文化园、百花洲公园等景点。此外，胥门外享有"三吴第一桥"之称的万年桥不妨走一走。

### 吉庆街

吉庆街口彩好，走到吉庆街的时候满眼苍翠，连呼吸都变得顺畅起来，人少树多。路两边的梅树在初春时分灿若云霞，到初夏的时候，枝叶间就藏了一颗颗玲珑可爱的青梅。

吉庆街

↑

古胥门码头

↑

金石篆刻艺术馆

↑

点酒  胥门城墙天空之门

文徵明的人生，始于科考，终于一座园林

　　如果说南京的贡院是他的伤心之处，那苏州的拙政园就是他的心归之所。

　　弘治八年（1495）对苏州文家之子来说，人生的苦修刚刚开启。科考放榜了，有人畅饮，有人捶胸。26岁的文徵明在扬子江畔望着金、焦两山，晚风乍起，夕阳西下，浩渺之间，南京不相信眼泪。

　　文人追求入仕大概是一种宿命，那是文徵明第一次品尝落榜的滋味，但他却不知道，在以后的人生里，这样的事情还有8次。他提笔画下了《金焦落照图》，水天低垂，船帆飘荡，就像梅子黄时拙政园里孤零的荷瓣。

　　文徵明不是天才，甚至有点笨拙，但他有个同龄的朋友是个天才。唐寅8岁时就通读经史，而那时文徵明刚会说话。唐寅轻松拿下乡试头筹时，文徵明却拿了人生第一个不合格。所幸好父亲文林坚信未来可期，儿子一定是大器晚成，但还是默默地给他报了补习班，文师吴宽，画习沈周，书学李应祯，老师都是一代名流。

3 年之后再赴应天，结果并未改变。这一年唐寅高中解元，但之后却深陷是非，自放于诗酒，不再与考试相干。沈周一生不应科举。只有文徵明从 26 岁考到了 53 岁，以至于儿子都 25 岁了，自己还在赶考的路上。

他复制了老师的用笔、学会了老师的平淡温和，接过了老师的绘画衣钵。39 岁那年，他在好友王献臣家里观摩了沈周所绘的一本长卷，还应邀在卷后再补一图，师徒合璧。

后来，一个机会来了，经人推荐，文徵明终以贡生的身份进京入仕。但他的性格早已铸就，殿阁之下没有他的容身之地。3 年后，他辞官了，结束了这段人生的苦修。

園政拙

**没有什么借口，文徵明就不是考试的料。沈周说绘画是业障，但绘画却成了文徵明的救赎。**

文徵明的人生，始于科考，终于一座园林。

"筑室种树……此亦拙者之为政也"，拙政园的题意与其说是指园主王献臣的仕途不顺，不如说是指文徵明的仕宦不达。拙政园建造之初，王献臣就邀请文徵明参与设计，为这座宅园糅入了吴门画派的写意山水。拙政园也成为他回到苏州之后的心归之所。

文林的眼光真是准啊，儿子大器晚成，四绝全才。结束了那场漫长的考试之后，文徵明在霭霭停云、蒙蒙时雨的江南温柔山水之间找回了自己的人生。

**拙政园**是"中国四大名园"之一，并被列入世界文化遗产名录。全园以水为中心，堆叠了错落有致的假山，建造了精致的庭院建筑。

拙政园整体上分为东、中、西三个部分，进门后沿着左手边走即可，一直兜兜转转到东门出园。整个园林的设计十分精巧，游览起来"一步一景"，值得花上很多时间来摄影。

**票价**：旺季 80 元 / 人，淡季 70 元 / 人，需实名预约购票

**地址**：东北街 178 号

**交通**：地铁 6 号线拙政园苏博站

一座园林拍遍中式美学

"借景北寺塔" → 听雨轩 → 小飞虹

**"借景北寺塔"**

在东部和中部的交界处有一个漏窗，能将远景的北寺塔、中景的亭台楼阁、近景的荷塘全部包括在内，是园林建造中借景手法的经典呈现。

**听雨轩**

听雨轩内种植着芭蕉、竹子等植物，给人以清幽之感。雨季时节，雨打芭蕉的声音让人心旷神怡，是听雨的好地方。在轩内向外看，窗户自然成了芭蕉叶的相框。

**小飞虹**

小飞虹是一座廊桥，朱红色的桥栏倒映在水中，宛如飞虹，水上水下连为一体，景色十分漂亮。拍照的机位在小飞虹对面的小沧浪。

十年老鸭
专业地陪

## 卅六鸳鸯馆

光绪年间吴县富商张履谦所建，以其蓝色玻璃窗和弯曲拱形的卷棚顶著称，有很好的传声效果。天气晴好的时候，阳光透过蓝色的玻璃窗映在地上的光影非常吸睛。

## 见山楼

见山楼的东北侧，水、楼、树相映成趣。尤其是到了秋天，冷空气将树叶染黄染红之际，堪称苏州秋景的巅峰。

# 从文徵明到安藤忠雄

你可曾幻想过，在繁忙喧嚣的车水马龙中，偶遇一片静谧园林，体验一场古典与现代交织的奇妙之旅？在烟雨朦胧的江南水乡，姑苏古城正以其独有的温婉与雅致，为你编织一场关于江南的梦。

400多年以前，这里曾有一座存世不足百年的园林，名为紫芝园。它由阊门外富甲一方的徐氏家族出资建造，吴门四家之一的文徵明亲自设计布画，仇英藻绘，"顶流"排面，盛极一时。如今，石路更新，华贸入驻，邀请园林、文化、建筑界大师，以王稚登所写《紫芝园记》为参照启动重建紫竹园项目，致敬这座消失的传奇名园。

复兴与创新，古典与现代，成年人不做选择，都要！如果说紫芝园重建是对老祖宗审美的还原，那么H+美术馆就是国际视野下的创新尝试。作为著名建筑设计师安藤忠雄的苏州"首作"，H+美术馆延续了他最擅长的设计风格，用混凝土浇筑而成的墙面不进行任何的涂料或装饰，让混凝土本身的质感和美感得以充分展现。同时，通过精确的几何规划，在美术馆复杂的功能需求和简约的形式之间找到平衡，确保每一个空间都能发挥其应有的作用，保持整体的和谐统一。

从传统的石板路到现代的玻璃幕墙，从古典的亭台楼阁到现代的美学空间，从优雅的花窗洞门到精致的艺术装置，步入华贸，一幅流动的古典与时尚交织的画卷悄然铺展。在这里你可以自由穿梭于古典与现代之间，既能感受园林的静谧与雅致，又能体验现代都市的时尚与繁华，在古今交融中尽情享受这场回味悠长的江南梦。

78万平方米的**苏州华贸中心**包含园林式商业街区、精品购物中心、超甲级写字楼、高级公寓、华贸姑苏里服务公寓、万豪行政公寓等载体，以及紫芝园、梨园公所、刘家花园等多栋独具特色的文保建筑，还包括苏州首家丽思卡尔顿酒店。酒店有190间客房，集传统经典和时尚现代于一体。此外，项目还包括著名建筑师安藤忠雄担纲设计的H+美术馆，旨在打造城市艺术窗口。

# 桃花坞见证了他所有的落拓和失意

这是寻常的一个春日。姑苏城阊门外杨柳依依，桃花坞里桃花灼灼，暖风熏得游人醉。山塘河荡漾着一汪桃花水，水上漂着一条小舟，小舟的舷窗边有个自斟自酌的身影，正是当时名动江南的才子之首——唐伯虎唐解元。望着眼前浮光跃金，唐解元握着酒杯，若有所思，若无所思。

忽然，一艘画舫摇过，画舫上有个青衣小婢生得眉清目秀，身姿袅娜。命运使然，才子抬眼，美人朝他掩口一笑，灿若春华。画舫须臾而过，桃花水上只剩下心神激荡的唐解元。自此便有了唐伯虎点秋香的故事。

冯梦龙那篇《唐解元一笑姻缘》为后世戏说唐伯虎的风流史提供了基础素材，从话本到电影，几乎每个唐伯虎都在和秋香谈恋爱。他的画作千金难求，他的生活吃喝不愁，在这样富足的日常下，点秋香对他来说就是点缀闲暇生活的乐子。

在真实的世界里，唐伯虎远没有那样得意，他的一生大起大落，没有众星捧月，没有青云直上。他卖画作的钱只是刚够糊口而已，他的身边也没有秋香，只有一个叫九娘的女子。在唐伯虎郁郁不得志的日子里，这个出身青楼的女子始终陪伴在他身边，默默为他磨墨、看他作画。桃花坞见证了他所有的落拓和失意，九娘懂他所有的骄傲和自尊，只是这个懂他的人最终还是去了。自此，再艳烈的桃花也温暖不了他灰败的心。

而在冯梦龙构建的故事里，唐伯虎拥有了小小的圆满。最让人动容的一个细节是，唐伯虎在新婚夜问秋香初见时为何在画舫上发笑，秋香回答："我看人群簇拥着你要书画，你却一概不理，只顾着自己喝酒，我便知道你一定不是平庸之人。"

往浅了看，这是秋香对于唐伯虎的真心剖白；往深了看，这是冯梦龙跨越百年送给唐伯虎的一份敬意、一份认同和理解。认同和理解，那是冰冷的现实世界里，唐伯虎终其一生都在追求的东西。隔着历史的长河，这位眼高于顶的才子应当会向冯公遥遥一揖吧。

故事真真假假，只有每年春天，桃花坞里依然有桃花灼灼几欲迷人眼。

唐寅故居遗址位于平门内西大营门双荷花池 13 号。1982 年，唐寅故居被列为苏州市文物保护单位。2010 年桃花坞历史文化片区综合整治保护利用工程启动，对唐寅故居进行了整治和复原。2023 年 10 月，唐寅故居文化区正式开街，其中，唐寅故居遗址也已对外开放，引入评弹咖啡馆、非遗手工旗袍体验店等新兴业态。

唐寅祠位于廖家巷前新街 10 号准提庵，历经多次修整，如今的唐寅祠呈现两路四进的建筑格局。遵循"修旧如旧"原则，东路恢复了唐寅祠堂、天章阁、才子亭等建筑；西路则包含唐寅祠大殿，以木构架及山墙形制，呈现出明显的浙派风格。

剧本杀体验地点位于桃花坞历史文化街区 2 号楼 1 楼东侧情调书洲 × 方志驿站。该剧本杀名为《雾里桃花》以桃花庵庵主唐寅为核心人物打造而成。在剧本中，唐寅的人生故事被分化成了无数碎片融于各个角色，玩家可以化身为 16 岁中苏州府试第一的天才少年，也可以是靠摆摊卖画为生的"美强惨"人设，在愉快玩耍的同时，沉浸式体验唐寅起伏的一生。

交通：地铁 4 号线北寺塔站

# 桃花坞

# citywalk

苏州丝绸博物馆 ↓ 苏州美术馆

### 苏州丝绸博物馆

我国第一座丝绸专业博物馆。馆内既有精美的丝绸文物陈列、动态的栽桑养蚕展示，又有传统织机操作表演。

### 苏州美术馆

位于人民路北段的苏州美术馆新馆于2010年落成。苏州美术馆以无边界设计、多样展览及免费开放为三大特色，充分满足观众休闲、娱乐、社交、观光、学习等多方位需求。附近还有苏州市文化馆和苏州市名人馆。

### 朴园

朴园，108座苏州园林之一，也是最年轻的一座，始建于1932年。园中既有苏州园林经典的水池、假山、曲径、水榭、楼阁，也有西式建筑风格"西风东渐"留下的年代印记，如镶在花窗中的欧式彩绘玻璃。

### 桃花坞美术馆

以"吴门画派"为主题，涵盖文化展览、珍宝展览、衍生文创店等。

 朴园 → 唐寅故居 →  桃花坞

### 文山禅寺

南宋朝廷起用文天祥为兵部尚书，后改派为浙西江东制置使兼江西安抚大使知平江府。文天祥来苏指挥抗元斗争，将家属安置在潮音庵内。后来，潮音庵、云林庵、文山寺（原）合并成了今天的文山寺。

### 五峰园

园子在阊门内下塘五峰园弄15号，园内五座形状各异的石峰据说是北宋花石纲遗物。

### 东中市、西中市

东中市与西中市的沿街建筑中西合璧，带着浓郁的民国风情，还分布着诸多老字号的糕团、卤菜、小吃店，散步累了坐下来吃吃喝喝非常"顺腿"。

### 艺圃

艺圃是诸多文艺青年偏爱的园林，是小而美的典范。春末夏初的蔷薇花、冬天的梅花盛开的时节，去园子里的茶馆里喝茶极其风雅。

艺圃 ↑ 东中市 西中市 ↑ 五峰园 ↑

 唐寅祠 →  文山禅寺

# 江南才子"天团"

沈周、文徵明、唐寅、仇英，被称为"明四家"。由于他们均为南直隶苏州府人，活跃于今苏州（别称"吴门"）地区，所以又称为"吴门四杰"。他们的创作，引领了晚明之后中国传统绘画的潮流。

沈周

**INFP**
**内向 安静 富有想象力**

字启南，号石田，晚号白石翁。明代画家、书法家、文学家、医学家。沈周出身富裕的书香绘画世家，一生读书吟诗作画，从来没有考过试上过班，始终过着自由的田园隐居生活。沈周擅画山水、人物、花鸟，以山水画最负盛名，开创吴门画派，收文徵明为徒，唐寅、仇英创作风格都受到他的影响。

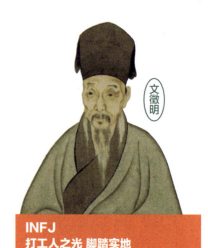

文徵明

**INFJ**
**打工人之光 脚踏实地**

名壁，字徵明，更字徵仲，自号衡山居士，人称"文待诏"。明代画家、书法家、文学家、诗人。8岁时还不会说话，有人怀疑他是个傻子。参加岁试时字写得太难看，被考官置为三等，应试不中，由此开始精研书法。文徵明功名不顺，从26岁考到53岁，9次乡试不中。但他的诗文书画都非常厉害，传世作品很多，对吴门画坛和书坛的影响最深最广。

字伯虎，后改字子畏，号六如居士、桃花庵主、鲁国唐生、逃禅仙吏等。明代著名画家、书法家、诗人。唐寅天性聪慧，以童生参加县试、府试、院试都是第一名。后家境衰败沉迷喝酒玩乐，后来被祝允明规劝，发奋读书。一生故事传奇——他画春宫图，他裸奔，他被"泄题案"牵连，他体验过家庭的幸福，又被至亲误解抛弃，他游览过名山大川，最终在贫困凄苦中离世。"阳间地府俱相似，只当漂流在异乡。"

唐寅

仇英

**INTJ**
**愿意独处 不受干扰 完美主义**

字实父，一作实甫，号十洲。明代绘画大师。仇英出身寒微，早年干漆工，后来学画，成为职业画家。他是绘画异才，善作青绿山水和工笔人物，他的山水画虽隽逸优雅，"士气"十足，却少有一般文人画家笔下那种冷寂空疏的情调，而总是流溢出清新明丽的气氛，有的作品还充满蓬勃欢乐的意趣。人物画尤工仕女，善于用粗细不同的笔法表现不同的对象，成为时代仕女美的典范，后人评其工笔仕女为明代之杰出者。

**ENTP**
**好奇心强 多才多艺**
**适应性强**

# 主演已就位，好戏开演

　　若不是到了全晋会馆，怎知这场编织了六百年的人生大戏，是这般"姹紫嫣红开遍"？

　　两层高的古戏台，飞檐翘角，富丽堂皇。《牡丹亭》中的杜丽娘，《长生殿》里的杨玉环……一个个鲜活的人物穿越历史的洪流翩翩而来，一曲曲缠绵悱恻、一折折离合兴亡，声声入耳。

　　昆曲，到底是如何从随口而来的民间小调，唱成了声名大噪的"百戏之祖"、人类非遗？

　　大戏的启幕，有请"昆曲鼻祖"顾坚首先登场。老顾，这位元末的戏曲家，住在昆山千灯镇，从小就跟着姑母学唱曲，创造了当时南曲四调之一的昆山腔。

　　明朝嘉靖年间，有个高官退休了，因为极度痴迷戏曲，他没回南昌老家养老，反而去到了千里外的太仓、昆山。这人本来就精通北曲，凭着"不耻下问""广交好友""聪明好学"各种优秀品质，成功融会贯通了南北曲调。于是，在昆腔的基础上，"水磨腔"全新问世。这位功臣，正是"曲圣"魏良辅。

　　一如江南人用水磨粉做出的糯米团子，经老魏改过的曲调清丽悠远、细腻委婉，好听极了！这曲调好比"砸中牛顿的苹果"，也狠狠砸开了梁少爷的"创作之魂"。

　　梁辰鱼生于昆山，名门望族之子，家底厚实，对做官兴趣寥寥，却对写剧本情有独钟。拜了老魏为师后，梁少爷学昆曲更加刻苦。当小梁变成老梁，由其编排、导演、出演的《浣溪沙》在昆山一炮而红。从此，昆曲从单一的清唱升级为综合的表演艺术，梁少爷也成了第一个将昆曲搬上舞台的人。

　　而后，"曲不离口"的张凤翼在新婚蜜月中文思泉涌，写下著作《红拂记》；著名作家白先勇在 70 岁时当起了"昆曲义务推广人"；俞玖林、沈丰英成长为苏州昆剧院的"扛把子"……

　　在昆曲的这场人生大戏中，总有前仆后继的薪火之力，随时准备着发光发热，唱响这一曲中国雅乐。

**全晋会馆**位于中张家巷 14 号，是清乾隆时由旅苏晋商集资建造，后毁于兵火重建，为苏州现存会馆建筑中规模最大、保存最完整的一个，2006 年被列入全国重点文物保护单位。目前是中国昆曲博物馆。

**交通**：地铁 1 号线相门站

客官
请上座！

## 昆曲，这边请！

不论是因梦成戏的《牡丹亭》，还是此恨绵绵的《长生殿》，抑或是花好月圆的《西厢记》……这出唱了600多年的昆曲大戏，都在等一个你，一同入戏。

### 中国昆曲博物馆

博物馆正中的古戏台，是清代以来苏州保存最精美、最完整的古典戏台。这里不仅能看到各种昆曲历史资料、古老的服饰和乐器，还会不定期举办昆曲表演，具体可关注"苏州戏曲博物馆"微信公众号信息。

地址：中张家巷 14 号

票价：博物馆免费开放

### 苏州昆剧院

苏州昆剧院的园林实景版牡丹亭《游园惊梦》，绝对是物质文化遗产"园林"与非物质文化遗产"昆曲"的完美结合。剧院里还有昆曲摄影、服装、乐器等各种体验空间，可以全方位感受昆曲之美。江苏省苏州昆剧院的很多原创剧目也会在此上演，具体演出信息可查询票务平台。

地址：校场桥路 9 号

# 评弹，这边请

张爱玲说，苏州评弹"有如咬住了一个人的肉似的，咿咿呀呀地老是不松口"。你若不信，一定要亲自来听听这世上最软糯的呢喃。

## 中国苏州评弹博物馆

全国唯一的评弹博物馆。原为沈宅，馆内藏有评弹各类珍贵历史资料1.2万余件，想要深入了解苏州评弹，得从这里开始。

其中的"吴苑深处"书场是100多年前姑苏城里最著名的四大书场之首，如今的书场茶座仍是按当年的格局摆放，前排中间最大的一桌是苏州评弹独有的"状元桌"。

地址：中张家巷 3 号

票价：博物馆免费开放

## 听评弹

票价：普通票 10 元 / 位

状元桌 20 元 / 位

（均赠送茶水一杯）

## 苏州市平江文化中心

老苏州们心目中听评弹的首选去处，价格很亲民。内含"鸿儒昭庆""鸿儒书房""鸿儒曲苑"三进，最里面的鸿儒曲苑书场，基本每天下午都有演出，一般是些经典的折子戏，老人们常常一杯茶就能听一下午。

地址：大儒巷 38 号古昭庆寺内

票价：普通票 10 元 / 位

状元桌 20 元 / 位

（均赠送茶水一杯）

## 山塘评弹昆曲馆

纠结听昆曲还是评弹？这里可以都要！馆内的布局还原了明清风格的家班全貌，可容纳百余人，一楼有仿古戏台，二楼有包厢。晚上有《牡丹亭》专场表演。

地址：通贵桥下塘 45 号

大明『和稀泥』高手，老申是也

申时行，何许人也？明代首辅，状元宰相。

官至如此，要点本事，还得靠点运气。

老申投胎到了盛产状元的苏州，后来真就一举夺魁，高中状元，入了翰林院。

说起老申的职场开路人，那必然要提一公认的大明"改革家"——一代猛人张居正。老申凭借自身卓越的才干，取得了老张的信任，被推荐入阁参政，顺理成章地成为老张的"马前卒"。

后来老张病逝，他的继任者没干两年也病逝了，命运的齿轮转向我们的主人公——老申。老申荣升大明首辅。自此，开始了他"和稀泥"的职场生涯。

和理想主义者老张相比，老申更像个智商、情商都很高的现实主义者。他深谙宦海生存规则，看透了当时文官集团的"阴阳"两面：既讲道德，又有私欲。

天才的一大好处，就是能审时度势，迅速分析出一套最优方案。于是，老申化身"世界和平"守护者，左右摇摆，夹缝求生。

举个例子，当时万历皇帝想立幼子为太子，与支持"立长"的文官们博弈较劲。老申一边在文官们面前信誓旦旦："我一定誓死力争！"转头又对皇帝说："您这么做情有可原，我是站在您这边的。"

可想而知，8 年首辅生涯，老申就这么兢兢业业做着"和事佬"的工作，缝补着皇帝与文官、文官与文官之间的缝隙。

直到在职场快待不下去了，老申倏然辞职，回苏州老家安度晚年去了。

叫他老申，没一点毛病，毕竟他离世的时候已经 80 岁，放那时，绝对算得上寿终正寝、十分长寿了。

不知道老申闭眼那一刻，回顾他的一生，内心是不是还在默念：Love & Peace（爱与和平）。

申时行辞官回苏后，在申衙前与胥门百花巷有几处大宅。由于年代久远，很多已无法确认实际地点。

**申时行故居**位于刘家浜 38 号，为清代建筑，坐北朝南，现存三路六进，建筑古朴素雅，有明代风格。

**春晖堂杨宅**位于苏州景德路和汤家巷交界处，原是申时行的故居，后几经易主。清光绪十二年（1886），珠宝商杨洪源将其购置、改建，命名为"春晖堂"。此后，这座住宅就被称为"春晖堂杨宅"，如今这里是苏州中医药博物馆，已被列为苏州市文物保护单位。

如今景德路 272 号的**环秀山庄**也曾是申时行宅子的一部分，后被多人修建、改造成了如今的样子。环秀山庄以假山堆叠奇巧著称，被誉称"苏州三绝"之一。

苏州马医科内有**申祠**，建筑近百间，祠前"忠良柱石"牌楼，20 世纪 80 年代初移至北寺塔正门前。

**交通**：地铁 4 号线察院场站

# 冯秀才的书里画着江南百景图

450 年前，轰轰烈烈的欧洲文艺复兴进入晚期，"顶流"之一莎士比亚刚上小学。同一时间，"整顿"晚明文坛的冯梦龙出生在苏州城南的一条小街旁，这条街就是如今的葑门横街。

虽然不足 700 米，但葑门横街却是一条资深老街。它最早起源于南宋，靠近城门，水运、陆运都较为发达，一直以来都是姑苏城东南的贸易中心。出生在这样的地方，冯秀才吃穿不愁之余，开辟了一条不一般的文学"赛道"。他的"三言"里，满满都是市井老百姓的日常情感，不仅包含男女之情，还包括亲情、友情。在冯梦龙看来，情是比理更重要的、维系人和人之间关系的因素。艺术来源于生活，市井气十足的横街，正是整个社会关系的缩影，也成了他创造力的来源。走在横街上，仿佛就看到几百年前书里那些鲜活的人物原型：这个果蔬摊的小摊主可能就是忠厚老实的卖油郎秦重；那个手工活很好的裁缝也许就是手艺高超、勤俭老实的碾玉匠崔宁；网红奶茶店的店长和年轻热情的酒家子范二郎如出一辙……还有各种做小买卖的、来旅游打卡的、"买汰烧"们，一块一块拼成一幅现代的江南百景图。

葑门横街很短，十分钟就能走遍东西，葑门横街又很长，450 年的时间里，它靠着"超长待机"天赋，"挤掉"了其他竞争者，"独占"了横街这个 title（头衔），让人提到横街就只想到葑门横街。

明代著名的通俗文学家冯梦龙的家在**葑门**一带，如今这里以一条横街而出圈。横街历史最早可以追溯到南宋，繁华于明清，是毗邻古城东南的集镇式城乡贸易中心。如今的横街以菜市为主，也是一张苏州美食"活地图"。在横街去哪一家网红店打卡并不要紧，最有意思的地方是在蔬菜瓜果中间，看到苏州人"不时不食"的饮食文化。

**交通**：地铁 5 号线竹辉桥站

青团

蚕豆

春

春暖花开，正是埋头『吃草』的好时节。吃用麦浆草汁做的青团怎么不算吃草呢？

螺蛳

莲蓬

夏

六月还是子虾季，新鲜的虾子配上酱油熬制而成的虾子酱油是苏州人度夏的必备调味料。

红菱

河虾

174

鸡头米

桂花糖藕

秋

夏秋之交是水八仙『团建』的时节。水八仙即菱角、荸荠、慈姑、水芹、茭白、莲藕、莼菜、鸡头米。缺个荤菜？这个时节，桌上肯定少不了大闸蟹。

冬

春卷皮、蛋饺的摊头总是人山人海。打上一瓶香甜的冬酿酒，配上特色的羊糕，再买点慈姑片当零食，家门口换上红火的对联福字，欢欢喜喜又一年。

慈姑

羊糕

慈姑片

# 人手一把的蒲扇，
# 是 300 年前山塘街最火的时尚单品

    我小时候住的瓣莲巷是条老巷子，一个门里好几户人家，夏天常常聚在堂间里乘风凉。那时候没有空调，或者说不太舍得开空调，外婆总用一把芭蕉扇哄我入睡。后来才知道，这扇子其实叫蒲葵扇，简称蒲扇，是中国最普及的扇子。虽然用着不如苏扇优雅，但风大省力，能拍蚊子，能抓痒痒，经济耐用，猪八戒和济公各有一把。我常常拿着扇子上演早期的Cosplay（角色扮演）。

    这扇子其实很有来头。广东江门新会世称"葵乡"，具有千年葵艺文化，他们的扇子三四百年前就与苏州结缘了，在苏州的山塘街 88 号的冈州会馆。

    清代江门地区外出的商人为了联络乡情、处理商务以及保障共同利益，在全国多地开设工商业会馆，明代万历年间苏州已设有岭南会馆，当时新会人的冈州馆应是岭南馆的一部分，直至康熙十七年（1678），冈州会馆正式建立。嘉庆年间重修时，新会的进士还写过重修记。"新会县其产有菠萝、麻布、蒲葵扇、柑子皮，此他邑所罕者。"可以看出，蒲扇在当时还是紧俏货。所以当时的冈州会馆还有个别称——扇子会馆。

明清时期，阊门内是金银铺和各色商肆，阊门外是"天下第一码头"，城门内外车水马龙，七里山塘自然也是苏州最繁华的商贸集散地，有着"神州第一街"的称号。街内会馆林立，山东会馆、晋州会馆、绍兴会馆、汀州会馆、冈州会馆等，最鼎盛时多达 18 处。这些会馆一方面靠着阊门的繁荣得以生息，一方面又促进了苏城西北地区的经济。从清代《姑苏繁华图》上种类繁杂的店招就可看出，当时的布行、绸缎庄、钱行、粮油铺、珠宝古玩铺、香烛灯笼铺等商铺门挨着门，外地商品如川广的药材、东北的人参、江西的瓷器、云贵的杂货应有尽有，阊门、山塘、虎丘这条商市交易和货物集散线路达到了空前的繁荣程度。

**岭南会馆**位于山塘街 136 号，建于明万历年间，是苏州建馆年代最早的会馆之一，较为完整地保留了清代的建筑风格。

**三山会馆**位于胥门外万年桥大街，明万历四十一年（1613）由福州商人主持兴建，清道光年间扩建，规模不断扩充。

**潮州会馆**位于苏州阊门外上塘街如今的第五中学内，是国内现存潮汕会馆里最完善最富丽堂皇的一处。

**安徽会馆**在平江路南显子巷，建于清同治四年至六年（1865—1867），是惠荫园的一部分。先后叫过"怡隐山房""怡隐园""皖山别墅"。

**山东会馆**位于山塘街 552 号，原名东齐会馆，是清朝时期胶州、青州、登州三地商人的聚会场所。门楼上的砖雕和木雕是一大看点，头门贴磨细青砖，瓦檐下有成排砖雕斗拱，垫拱板透雕极其丰富精致，整体显得非常大气。

**汀洲会馆**位于山塘街 192 号，清代建筑。2005 年改建为苏州商会博物馆，全面展示各大会馆的苏州印记。

# 曾是人间富贵花

江南富贵风流地
万千宠爱加身
"姑苏最重"
"姑苏最要"
"姑苏最盛"
只是再美的花
也会在风雨里摇摇欲坠

# 乾隆眼里的苏州，

## 就是一朵妖娆富丽的

# 盛世之花

乾隆眼里的苏州，就是一朵妖娆富丽的盛世之花。

在他六下江南的经历中，苏州都是往返必定经停的重要站点。他在这里遍尝美食、遍赏美景。

那时的苏州，是当时中国的文化中心，全世界最 IN 的时尚潮流之都。苏工、苏绣、苏食、苏妆，一切都出类拔萃，样样都巧夺天工。乾隆崇文，苏州文教最盛，印书最精；爱好诗词书画，苏州才子大家辈出；喜欢器物文玩，苏州美学鉴赏引领风尚；钟爱听曲，名伶也多是苏州人。上行下效，这种风靡全国的苏州现象，当时称为"苏样""苏意"。

那时的苏州，手工业发达，门类齐全，技术先进。仅大型织机就有12000 台，丝织业的从业者也达 10 万人之巨。当时流传这样一句俗语："宫廷样，苏州匠。"无论是皇帝的龙袍、皇后的霞帔，还是文武百官的四季朝服，均由苏州织造署专营提供。这里是京城之外最大的宫廷御用品生产、加工中心。

那时的苏州，物阜民丰经济繁盛，是江南的商业中心，也是国家的商业中心。特别是阊门一带素以繁华著称，曹雪芹甚至将其写到《红楼梦》中，称这里"最是红尘中一二等富贵风流之地"。

那时的苏州，还是江南重要的政治中心。康熙年间，苏州以府领县，辖吴县、长洲、常熟、吴江、昆山、嘉定六县及太仓州，代管崇明县。

雍正二年（1724），析长洲县地增设元和县。第二年分江南省为安徽、江苏两省，升太仓州为省管直隶州，辖镇洋（太仓）、崇明、嘉定、宝山四县。于是江苏巡抚，江苏布政使、按察使，苏州织造署，苏州府治，长、元、吴三县县治同驻苏州一城，官府衙门遍布，一直延续到清末。

当然，这里也是国家的粮仓。有清一代，苏州向中央政府缴纳的粮、税各占到全国的十分之一。康熙时人沈寓说："东南财赋，姑苏最重；东南水利，姑苏最要；东南人士，姑苏最盛。"

"康乾盛世"里的锦绣苏州，后被乾隆的御用画师、苏州人徐扬在那幅耗时24年、长达12米的著名长卷《姑苏繁华图》中展现得淋漓尽致。

只是盛世的华服之下，内忧外患的种种危机都已埋下伏笔。

到咸丰十年（1860），内外交困的大清王朝已经处在日薄西山的风雨飘摇之中。在南方，太平军高歌猛进，横扫江南，苏州就此陷落。大量城乡居民死于战乱，更有成千上万的苏州人携带资金财富逃入上海避难。战乱前的1830年，苏州人口达到340万，而到清军收复苏州后的1865年，只剩下不足128万。

曾经人烟稠密、物华天宝的苏州变得田园荒芜，城市萧条。经济上的富庶与繁华，文化上的精致与优雅，都已随风而逝。

"最是红尘中
一二等
富贵风流之地。"

# 搞钱，潘家最擅长

清朝年间，苏州有"贵潘""富潘"两个潘姓世家，鼎盛之时，两个潘家占了半个苏州城。"贵潘"一脉属状元潘世恩，"富潘"一脉属潘麟兆，苏州民间有流传"明有沈万三，清有潘麟兆"之说。

潘麟兆是安徽商人，来苏州经商，为潘家打下了一定的基业。鼎盛时期，观前街的大部分商号，像元大昌、稻香村、黄天源等，都是"富潘"家族的。

潘家真正发达，是从潘麟兆的第三个儿子潘元纯开始的。潘元纯性情豪迈，讲求诚信，他的奋斗是潘家从小本经营转型成拥有众多店铺、作坊、房地产的"潘氏企业"的重要转折点。他20多岁时带着上千两白银去沈阳，买下海味和皮毛，带回苏州后，引得市民争相购买，由此赚下生意场上的"第一桶金"。

潘元纯的目光还转向了海外。他与挚友汪佚搭伴去做国际贸易，用苏州的茶叶、丝绸，换取印度等地的金砂、药材、香料等，使潘家的财富倍增。大富通常伴随着风险。两人有一次在回国的路上遇上土匪挟持，汪佚失去性命。潘元纯痛失好友，悲痛不已，为此立下誓言两家永世交好，可谓重情重义。

后来，潘家移居北京，潘元纯的侄子潘文起继承了叔父的开拓精神，在京城开办绸缎庄，声名鹊起。由此，潘家就进入了鼎盛期，礼耕堂也在这个时期扩建完成，"诗礼继世，耕读传家"，潘家家训说的也是这个。

卫道观前的**潘宅**是潘家旧居，主厅礼耕堂是苏州古城内留存不多的清代前期建筑。堂前有 14 扇落地长窗，屋檐上刻有水浪、龙头、鲤鱼、灵芝等花纹。

现在的潘宅在基本保留建筑原结构的基础上，已经变身成为苏州城建博物馆。苏州城建博物馆共有 5 个主要展厅。"城纪千载"展厅展出了 5 个微缩模型，分别是始建于春秋的阖闾城、三国时期的瑞光塔、唐代的宝带桥、北宋的文庙和元代的盘门。"城市生长"展厅内，苏州城市天际线模型沙盘是一大亮点。"城市会客厅"展厅，再现了礼耕堂的气派景象。"百馆之城"展厅有一张可以通过触摸交互触发的手绘版"现代苏州城建图"，观众可以"云游"苏州的 100 多座博物馆。

**地址**：卫道观前 3 号

**交通**：地铁 1 号线相门站

# 药丸虽小，大有来头

　　一个知识点，根据我国《中华人民共和国保守国家秘密法》规定，一些中成药配方被列入国家级保护方剂，其药物配伍，剂量、制法等都属于国家机密。雷允上六神丸就是其中之一。

　　出身书香世家的雷大升（字允上），自幼聪慧，勤奋好学。苏州是当时温病学的集大成之地，雷允上终日身处其中，在习儒的同时精研医学，在中医药学方面造诣很深。后因尘世种种，他弃儒从医。为了追寻更精纯的医道，他常年游历于燕齐大地，访遍深山大川寻百草，沿路行医治病，医术越发出神入化。

　　当时的江南地区易发瘟疫，民众苦不堪言。雷允上深入研究温病学说，积平生所学，研制急救药及常见病治疗药，有"治病无不效"之美誉。后通过不断调整配料种类和剂量，他终于合成了一味中成药药丸。因为该药以六味名贵药材配制而成，具有消肿解毒、清热止痛的功效，因此得名"六神丸"。自此，用香料丸散制成的时疫急救药、至今仍为人所乐道的六神丸在动荡中问世，拯救了无数百姓的生命。1984 年，国家医药管理局把雷允上六神丸列为医药系统国家级"绝密级"项目，六神丸成为三大绝密配方之一。

　　就是这样一颗小小的药丸，不仅配方属于"国家机密"，制作工艺也被列入国家级非物质文化遗产。区别于普通的制作，六神丸采用独特的"微丸"制作技艺，这要求药材处理与成型过程中必须遵循极为严苛的炮制工艺，每千粒药丸仅重 3.125 克。所以直到现在，现代高精机器仍无法完全取代人工。为了守护这份国家机密，六神丸的制作过程严格遵循口传心授的传统，无书面记录，

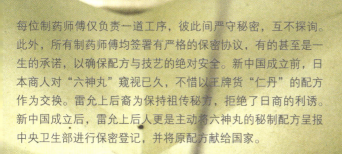

每位制药师傅仅负责一道工序，彼此间严守秘密，互不探询。此外，所有制药师傅均签署有严格的保密协议，有的甚至是一生的承诺，以确保配方与技艺的绝对安全。新中国成立前，日本商人对"六神丸"窥视已久，不惜以王牌货"仁丹"的配方作为交换。雷允上后裔为保持祖传秘方，拒绝了日商的利诱。新中国成立后，雷允上后人更是主动将六神丸的秘制配方呈报中央卫生部进行保密登记，并将原配方献给国家。

三百年老药铺，半部吴门医药史。1734 年，雷大升在苏州阊门内专诸巷天库前开设一家药店，名为"雷诵芬堂"，并以"允上"的名号在店内坐堂行医，**雷允上**医术高明，在苏州享有盛誉。人们经常把雷允上的医名和诵芬堂的铺名连在一起，称为"雷允上诵芬堂"，《姑苏繁华图》中就有雷允上诵芬堂药铺的身影。清朝中期，作为吴门医派杰出代表的雷允上，更是将吴地医术的精髓发挥得淋漓尽致，为中医药学的发展做出了重要贡献。

**地址**：西中市 134 号

**交通**：地铁 2 号线石路站

# 宫廷画师徐扬的述职报告

这是自建成以来已经兴盛了1000多年的城市，这是马可·波罗笔下的"名贵之大城"，这是康乾盛世里最耀眼的明珠，这是苏州。画师徐扬就生活在这里。此时，他还是一个屡试不第的监生。乾隆十六年（1751），苏州迎来了一个特殊的客人，这是徐扬千载难逢的求职机会。

（画师不爱自拍
无正面照）

## 一、机会留给有准备的人

心仪江南已久的乾隆皇帝第一次摆驾南巡，苏州是他必经之地。时年40岁的徐扬献上了自己的画作，幸得乾隆赏识，成为"充画院供奉"，开始了他的职业生涯。起初，他并不能单独带项目组，只根据皇帝的授意以自己的专长作画，但与别人不同的是，徐扬几乎每半个月就会上交一幅新作，"交作业"频率之高令人咋舌。两年后，徐扬被钦赐举人，一体会试，果然职场就得多"刷脸"。

## 二、皇上的心愿就是我的心愿

　　宫廷画师，要表达的是皇帝的艺术理想，皇帝指哪儿他们就打哪儿。乾隆皇帝爱写诗，徐扬就要根据他的御题诗作画，画出一幅读后感。乾隆皇帝想记录一个大场面，徐扬就要半真实半虚构地留下场景"照片"。这样来看，徐扬的工作好像就是"揣测上意"。作为皇帝"命题作文"的老手，徐扬最懂皇上的心。现在，皇帝想要留下苏州的繁华。

## 三、打铁还需自身硬

　　愿不愿意让徐扬画，是乾隆的选择；画出来能不能让乾隆满意，是徐扬的本事。乾隆二十四年（1759），徐扬创作《盛世滋生图》，即《姑苏繁华图》。这幅画作共长1241厘米，咫尺千里，从姑苏城外西南部的灵岩山起，至西北部虎丘山上，历经一村、一镇、一城、一街，穿城过镇，刻画了苏州的丝绸店、染料店、蜡烛店、棉花棉布店等260多家商店，可完整识别的人物超过4000个。徐扬在散点透视的基础上又画出纵深感，让"商贾辐辏，百货骈阗"的繁盛市容跃然纸上，使领导非常满意。徐扬在乾隆年间的如意馆工作40几年，最合皇帝心意，成为有10余幅作品入藏《石渠宝笈》的一代名家，终达画师职业生涯之巅。

# 皇家严选，值得信赖！

明清时期，苏州的物质文明正值顶峰，器物、服饰、建筑、风俗等方面都引领着时代的风气。康熙和乾隆多次南巡，分别六下江南。南巡经停的"站点"并非苏州一家，但苏州确实是两位皇帝最为钟爱的。也有大量的美食、美器、美景因为有了来自皇家的"点赞"，而被更多的人熟知。

## 生活好物推荐官
### 爱新觉罗·玄烨

### 碧螺春

东、西山的碧螺春茶原名"吓煞人香"，康熙南巡时尝到了这种汤色碧绿、卷曲如螺的茶，倍加赞赏，一问名字，觉得"吓煞人香"不雅，赐名"碧螺春"。每年清明前的一周，苏州的茶农就到了最忙的时候。极品的"碧螺春"，七万多片嫩芽才能凑出一斤茶叶，十分金贵。

## ＃点亮日常穿搭

### 苏州御窑金砖

紫禁城里太和殿、中和殿、保和殿铺地用的金砖，产自苏州。

苏州御窑金砖颗粒细密，色泽温润，"明如镜、声如磬"。每一块金砖的背面都有苏州督造官、监造官和窑户的名字及生产日期。

### 高定服装、饰品

推荐好物：丝绸、苏绣、缂丝、宋锦（因为常用来做书画装裱，又被称为"包书皮"）。

苏、杭、宁三大织造署中，苏州以缂丝、刺绣工艺最精。故宫所藏成衣、袍料、匹料、绦带、活计及织绣画中，多有苏州织造署所制产品。

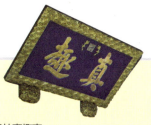

## 狮子林真趣亭

乾隆二十七年（1762），乾隆来到狮子林内游玩，在假山中迷失近两个时辰之久，走到亭中纳凉之时，问起随行官员亭子的名字。随行官员就说这个亭子还未起名，求皇上赐名。当时乾隆不加思索地写了三个字"真有趣"，亭子得名"真趣"亭。

# 心中的诗与远方

文旅推荐官
爱新觉罗·弘历

## 玉雕

宋应星《天工开物》云："良工虽集京师，工巧则推苏郡。"乾隆热衷美玉，大批苏州工匠选入造办处，精品迭出。他甚至知道苏州专诸巷的玉工技艺最精，多次赋诗夸奖："专诸巷里工匠纷，争出新样无穷尽。"苏作雕工玉器以"小、巧、灵、精"著称。现在故宫博物院的三万余玉器，多数为乾隆所藏。

## 山塘街

1792 年，人到耄耋之年的乾隆老得走不出宫苑，于是他在清漪园（颐和园）万寿山北又建了一条苏州街。他实在是太怀念苏州了，和三十年前的初代苏州街一样，这条苏州街仍然是仿自七里山塘。

# 这所名校原是皇帝的"后花园"

如今,江苏省苏州第十中学校的所在地,正是清朝苏州织造署旧址。

苏州织造署是什么?是皇家督造和采办绸缎的皇商衙门。设置织造署的主要目的是满足主子们的日常服装需求。

织造署的渊源从元代起,那时叫织造局。江南一带,丝织盛行,而苏州自古就是"锦绣之乡""丝绸之府",物产丰饶,出产的丝绸、锦缎远近闻名。于是,上头领导大手一挥,在苏州设个织造局,把好东西第一时间进贡上来!

这么一办,织造局这个机构就一直延续到了清朝。其间,它几经更名、迁址,现在的织造署旧址是在清朝顺治年间定下的。

顺治年间,总管苏州织造的工部侍郎陈有明是个脑子活泛的人。他盯上了带城桥下塘、明朝国丈周奎的旧宅,在这基础上兴建了总织局,后来成了苏州织造局。到了康熙年间,又改叫织造衙门,也就是现在的苏州织造署。

康熙、乾隆年间,苏州织造署已经发展得很成熟了,名声在外,连皇帝都吸引来了。为迎接皇帝,苏州织造署特地仿照北京故宫的格局在原址西侧建了行宫,一举博得康熙帝的圣心。就连园里著名的"瑞云峰",也是苏州织造署在乾隆第五次下江南时,特意从留园移来的,只为博君一笑。

要不说古人脑子动得快呢,这些办事人察言观色的本事在《甄嬛传》里能起码活过第二集!主打一个让领导开心。而且,差事办好了,也能在领导面前长脸不是。

受苏州织造署影响,连门口的织造桥也小有名气。这座桥原名红板桥,只因康熙、乾隆皇帝每次必从织造桥上走过,自然而然,这桥也被人熟知了。

数百年光景中,康熙帝六次下江南,六次都住在织造署内;乾隆帝六次下江南,有五次住在织造署内。苏州织造署真正做到了让皇帝想来、爱来、常来,妥妥皇帝们的苏州后花园。

我的老家在**留园**

**苏州织造署旧址**为全国重点文物保护单位，百年名校江苏省苏州十中坐落于此。原苏州织造署在咸丰十年（1860）全部毁于兵火，旧观未能恢复，同治十年（1871）进行小规模重建。不过，相比江宁、杭州两处织造署，苏州织造署还算幸运，是"江南三织造"中现存遗迹最多的一处。

**地址**：带城桥下塘 18 号

**交通**：地铁 6 号线望星桥苏大站

# 红楼旧梦 姑苏故事

曹雪芹的祖父曹寅、舅祖李煦都曾在苏州织造署当过织造使。因此，有的红学、曹学专家认为，曹雪芹就是生在苏州织造署这个园子里的。《红楼梦》的开场设定就在姑苏阊门外的葫芦庙，足以说明曹雪芹对苏州的熟悉与感情。而且，文中的三个关键人物林黛玉、妙玉、英莲都是典型的苏州女子。

你发现没，《红楼梦》中『姑苏』二字频繁出现。比如，第十七回交代，贾蔷从姑苏采办了为元妃省亲准备的音乐班子、乐器衣服，以及十二个女孩，第五十三回交代，曹雪芹曾在元宵家宴上大赞绣娘的苏绣技艺精湛；第六十七回交代，薛蟠带回很多姑苏物产，其中最特别的是虎丘泥人……此外，《红楼梦》中还涉及很多很多关于苏州的元素。

总之，苏州对于曹雪芹及《红楼梦》都是特别的存在。

此时王夫人那边热闹非常原来贾蔷已从姑

苏采买了十二个女孩子并聘了教习以及行

头等事来了

薛蟠笑着道那一箱是给妹妹带的

外有虎丘带来的自行人酒令儿水银灌的打

金斗小小子沙子灯一出一出的泥人儿的戏

用青纱罩的匣子装着又有在虎丘山上泥捏

的薛蟠的小像与薛蟠毫无相差

# 这么会考试，一定是遗传的

从古至今，有些东西都是命中注定的。

当李鸿章遇上苏州"贵潘"，题下"祖孙父子叔侄兄弟翰林之家"匾额时，内心可能也在 OS：要不是优质基因"作祟"，就只能用玄学解释了。

毕竟，这个家族，自乾隆年间起，就出过一个状元、两个探花、八位进士、十六位举人（甚至几乎是个等比数列），用实力诠释了什么是"书香门第"。

然而，这个书香门第一开始其实是靠经商发家的，因为经商才从安徽老家迁到苏州，从此便定下了"科举为主、经商为辅"的家族大方向。

乾隆三十四年（1769），潘世恩出生，其大伯潘奕隽高中进士，打响了潘家在官宦之路上大放光彩的第一炮。

随后，"状元宰相"潘世恩开启了他的传奇官宦人生：十六岁应"童子试"，二十五岁就中了状元。历"乾嘉道咸"四朝，五十余年里，他把六部尚书全轮了遍，大学士、军机大臣、太傅通通当过了，最后退休的时候拿的还是"全俸"，堪称全清朝最会做官的人了。

老潘的孙子潘祖荫，也当了三朝元老。当年，他凭一句"国家不可一日无湖南，即湖南不可一日无左宗棠"，成功营救下左宗棠。为表谢意，左宗棠便以青铜重器大盂鼎相赠。而作为金石狂热爱好者，潘祖荫还重金收购了清末出土的大克鼎。机缘巧合下，"海内三宝"，潘家就得了俩。

2022 年，苏剧历史上首部电影《国鼎魂》上映，讲述的便是世人津津乐道的潘氏保鼎、捐鼎的故事。

相传，潘世恩原居在苏州玄妙观西。他在高中状元后受皇帝召见，被问及家居何处，一时惶恐误说成了"苏州玄妙观东"，为避"欺君之嫌"，速买下此处作"状元府第"，即为后来的**潘世恩故居**。

如今这里已经成为苏州状元博物馆，分为轿厅、鸳鸯厅、纱帽厅和后厅四个展厅，为江苏省文物保护单位，向世人讲述着苏州的状元文化和古代科举那些事，家里有考生的欢迎打卡。

**地址**：钮家巷 3 号

**交通**：地铁 1 号线临顿路站

## 同学们，不来沾沾"贵"气吗？

贵潘，贵潘，故事多，"贵"气也多。当年，潘家在苏州留下的足迹，手指头＋脚指头大概也数不太清。除了潘世恩故居，姑苏城还尚存着很多潘家的"不动产"。有空多走动，"贵"气不嫌多啦。

# 儿子

**潘曾玮故居**

潘曾玮为潘世恩第四子，清同治年间，曾任李鸿章幕僚，同治三年（1864）辞官后，就闲居在此。很长一段时间，他都"居家不出"，在这个宅子里与苏州文化名流举办各类收藏、雅集、唱酬、诗画、救灾济赈活动（人"宅"心善"文青"一枚）。

这里原是非常有名的苏州剧装戏具厂，现正以"养闲草堂"的新身份展示着当年主人的审美趣味。故居紧邻环秀山庄和苏州刺绣研究院。

地址：西百花巷 4 号

# 孙子

### 潘祖荫故居

潘祖荫为潘世恩孙子，曾于咸丰二年（1852）中得探花。虽身居高位，却勤于政务，嗜好金石、图书。

潘祖荫故居既有江南民居特色的走马楼，又有北京的四合院格局，现已打造成"文旅会客厅·探花书房"，作为现代阅读空间，传承文脉，焕发新姿。

地址：南石子街6—10号

# 大伯

### 潘奕隽故居

潘奕隽是潘世恩大伯，他是庞大的"贵潘"家族中第一个入仕者，活得很长，直到91岁辞世，是苏州的藏书大家。故居旁边就是曲园。

地址：马医科38号

# 族孙

### 谦益堂潘宅

始建于清代，后由潘姓盐商买下，更名为"潘谦益堂"。大厅内曾悬有"恩荣"匾额，据说是光绪皇帝所赐。为苏州市文物保护单位。

地址：刘家浜巷24、26、28号

# 状元是怎么考出来的

从隋炀帝开科取士到光绪三十一年（1905）废科举，1300多年里诞生了800多位状元，苏州府独占50多位，包括文武状元。不同的史料记载可能在数字上有个位数的差别，但是丝毫不能动摇苏州府历史第一的地位，因为数量上遥遥领先。

在这些苏州状元里有一位连中六元，意思是每一场考试都是第一，这个人叫钱棨。他在28岁的时候获得了三场童子试的第一名，叫作小三元。在乡试的时候遇到困难了，连考六次没有中举，但第七次他成功了，而且是解元。随后又在会试、殿试里都是第一，称为大三元。乾隆四十六年（1781）钱棨高中状元，成为历史上唯二的连中六元的状元。相传苏州城内的三元坊就是纪念他的，而隔壁的文庙也是每年考试前，苏州考生许愿考个好成绩的灵验之地。

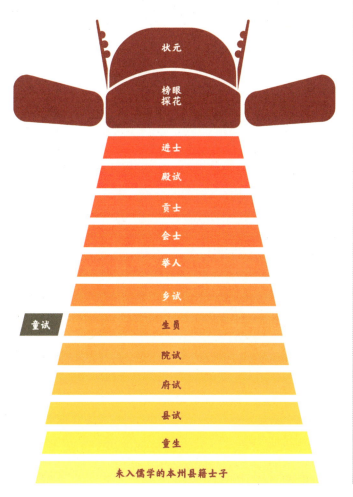

状元

榜眼
探花

进士
殿试
贡士
会士
举人
乡试
生员
院试
府试
县试
童生
未入儒学的本州县籍士子

童试

**苏州状元榜**

| | |
|---|---|
| 徐元文 | 陆器 |
| 缪彤 | 归仁绍 |
| 韩菼 | 归仁泽 |
| 彭定求 | 陆扆 |
| 归允肃 | 归黯 |
| 陆肯堂 | 苏检 |
| 汪绎 | 归佾 |
| 王世琛 | 归系 |
| 徐陶璋 | 朱起宗 |
| 汪应铨 | 黄由 |
| 彭启丰 | 卫泾 |
| 毕沅 | 林嶕 |
| 张书勋 | 周虎 |
| 陈初哲 | 刘必成 |
| 钱棨 | 魏汝贤 |
| 石韫玉 | 阮登炳 |
| 潘世恩 | 施槃 |
| 吴廷琛 | 吴宽 |
| 吴信中 | 毛澄 |
| 吴钟骏 | 朱希周 |
| 陆增祥 | 顾鼎臣 |
| 翁同龢 | 沈坤 |
| 翁曾源 | 申时行 |
| 洪钧 | 陈大猷 |
| 陆润庠 | 文震孟 |
| …… | 孙承恩 |

据苏州状元博物馆陈列整理

199

# 200 年前，禁烟之火在这里点燃

　　那位喊出"若鸦片一日未绝，本大臣一日不回！"的禁烟先驱，那位在广东虎门海滩大手一挥，顷刻间数万箱鸦片投入焚毁池的钦差大臣，那位创下旷古未有之大行动的民族英雄，对苏州百姓来说是块心头肉。

　　清道光年间，在苏州这片富饶繁华的土地上，一缕罪恶之火正以阴暗的姿态悄悄蔓延，它暗中潜入寻常百姓家，将原本平静美好的日子侵蚀得千疮百孔，无数百姓饱受其害，痛心万分。那一年，一封调令，林则徐风尘仆仆地来到江南，任江苏按察使一职，衙门设在今道前街上，也就是现在的江苏按察使署旧址。

　　听闻省司法长官一来，阊门、石路一带的酒肆妓院开始躁动不安，生意兴旺的烟馆战战兢兢，心想这位大人到底什么来头？

　　起初，林则徐只是私下访察、收缴鸦片，但苏州城内外仍然鸦片泛滥、嗜者云集。林则徐察觉后焦虑值达到了顶峰，他一刻不停地上奏朝廷、号召禁烟，同时严厉查办烟贩、关闭烟馆，还与名医一起研究戒烟良方，免费提供给吸食鸦片之人。那一年在阊门外铁铃关前的行动，是属于林则徐最早的禁烟记录。

　　约莫持续了一年多，烟馆猖獗之势得以控制，禁烟行动初见成效。这都是震惊中外

现在在苏州，依旧能找到与**林则徐**相关的历史踪迹。当年林则徐离任之后，苏州市民在小公园竖起了一块"林公则徐纪念碑"，1999 年又在南浩街建立"林则徐禁烟处"，塑像旁还有简单记载了苏州禁烟行动的碑文，以此来感恩林则徐。

**交通**：地铁 1 号线、6 号线临顿路站，1 号线、4 号线乐桥站

### 江苏巡抚衙门旧址

江苏巡抚衙门旧址位于书院巷，宋时为鹤山书院，明永乐、宣德间为巡抚行台，嘉靖间为巡抚衙门，万历后一直为巡抚衙门，林则徐曾治事其中。清初毁于兵乱，后多次重建。现在是苏州卫生职业技术学院的校址所在地。

**地址**：书院巷 20 号

**交通**：地铁 4 号线三元坊站

### 江苏按察使署旧址

江苏按察使署旧址地处道前街，自明代以来就是官衙重地。明初，这里曾设江苏水利分司署，明弘治十四年（1501），改为按察分司，后又将苏松常兵备道设于此。到了清雍正八年（1730），江苏按察司自江宁迁至苏州，兵备道署便改为提刑按察使衙门，主管省内司法刑狱。咸丰十年（1860）毁于兵事，同治六年（1867）重建。

**地址**：道前街 170 号

**交通**：地铁 1 号线养育巷站，4 号线三元坊站

的"虎门销烟"事件之前发生的事，林则徐坚决的禁烟主张和在苏州的销烟行动得到道光帝的赞赏，为其日后的大作为奠定了基础。

但林则徐与苏州的缘分没有就此停止，他先后在苏州任职近七年。道光十二年（1832），苏州又遭水灾，林则徐再次出任江苏巡抚，带头捐俸、缓征漕赋、赈济灾民、兴修水利，恢复农业生产，被苏州百姓尊称为"林青天"。

桂芬的『朋友圈』，在『贵』不在多

桂芬姓冯，是个铮铮汉子。因为出生时，正是苏州城桂花芬芳之际，满城飘香，得此雅名。

桂芬这人，聪明绝顶，读书能一目十行，经史、天文、算数、兵刑、盐铁、河漕等各类书目他都"大快朵颐"，涉猎又广又深，31 岁就榜眼及第。

只是桂芬的脾气，一点儿不像花儿般沁人心脾：严于律己，不爱说话。当然，讲学的时候例外。

这种"人狠话不多"的复合型人才，自然也是不轻易与人结交的。

放眼桂芬的好友列表，人数不多，但就交友质量而论，搁整个晚清，那都是相当"炸裂"的。

当年，林则徐任江苏巡抚时，就和素昧平生的桂芬看对了眼，盛赞他是百年来从没见过第二个的人才，主动收为学生。

后来，太平军攻下苏州，桂芬逃往上海，从此做起了"李鸿章背后的男人"。桂芬帮着小李和租界洋人接上了关系，小李帮桂芬奏减苏南田税……他俩一起经历了很多很多。小李把这个比自己大了 14 岁的男人，视为可以共患难的道义之交，但凡遇到什么大事，都要随时问问"桂芬怎么看"。每当这时，桂芬也都有问必答，慷慨激昂。

话说回来，当年，就连小李的老师曾国藩，也曾动过招桂芬入幕府的心思呢。

桂芬主张"采西学""制洋器"，其著作《校邠庐抗议》提出"以中国之伦常名教为原本，辅以诸国富强之术"。这就是后来洋务派的中心思想"中体西用"。

晚年，桂芬回苏专心编纂《苏州府志》。可惜，没过完 1874 年的春天，他便殚精竭虑而逝。

桂芬逝世后，左宗棠为他作传，李鸿章为他撰书墓志铭。如此这般，也算是对这位杰出的思想家、实干家最大的认可了。

**冯桂芬祠**是苏州市文物保护单位，现在为苏州刻字厂。

**地址**：白塔西路史家巷 20 号

**交通**：地铁 6 号线悬桥巷站

# 荷花早市 慢慢逛

一条白塔路，人文荟萃。每年夏天，这里的荷花市集更是苏州情调生活中的小小注脚。

**荷花早市**位于皮市街和白塔西路交叉口的农特产品自产自销疏导点，属于苏城夏日限定风景线，每天早上五六点钟就陆陆续续有背着背篓的爷爷奶奶来这里摆摊。沾着新鲜露水的荷花、莲蓬来自东、西山，还有很多时令的鲜果，夏日的多彩就这么水灵灵地展现出来了！

**皮市街花鸟市场**是苏州人的后花园，很多小朋友的第一只宠物都是在这里抱回家的，老苏州每逢过年过节总要从这里买几盆花花草草。虽然规模已经不比从前，但仍旧是众多苏州人的经典记忆。

寻古

吴廷琛是罕见的"双元"（连中会元、状元），当官时灭盗贼、行善政，深受百姓欢迎。其儿子、侄子、孙子或是状元、举人、进士。**吴廷琛故居**建于清代，1985年重修，是市文保建筑，这个藏在闹市深处的清静宅院，露台上可观北寺塔。学子们可以去沾沾"金榜题名"好运气哦。

地址：白塔西路 80 号

**北张家巷雕花楼**两幢别致的雕花小楼位于沈宅内，是清末道台沈澄之宅，比东山雕花大楼早建 70 多年。门厅、窗格、廊檐等雕有亭台楼阁、花鸟虫兽，多采用镂空立雕工艺，花纹繁多，很是精细。因沈曾任浙江海宁、海盐知县，建筑颇有浙江东阳木雕风格。目前是市文物保护单位。

地址：北张家巷 9 号

**东园**是古城建园较早、面积最大的城市公园，这里曾经是苏州动物园的一部分，承载着很多苏州人的童年回忆。如今的东园更像是一个综合性的公园，既有让小朋友挪不开步的游乐设施，也有丰富多样的植被，以及毫不怕人的黑天鹅，适合玩耍、放空、赏花、赏湖、赏落日，老少咸宜。

地址：北张家巷 38 号

# 一本书的自白：此心安处过云楼

我是《锦绣万花谷》，生于南宋。人们说我是国宝级文物，我没什么概念，但 2012 年的时候我在北京匡时被拍卖，是以 2.16 亿元落槌的，有报道说这是中国古籍善本拍卖价格的最高纪录，我想是挺厉害的吧。纸寿千年，我已经 800 多岁了，是个糟老头子了，但是我纸张完好，也没虫蛀，很健康。我一直心存感激，多亏了前些年我经历的那些好日子。

大概是在晚清吧，我刚来到苏州，忍不住跟同事打探了一下这家的来头。主家顾文彬是清道光二十一年（1841）的进士，官至四品宁绍台道，工书善诗，精鉴赏，善收藏。我很满意，他看着挺靠谱的，而且居住环境也好，号称"江南第一家"呢！我住的这个地方是他花了 20 万两，由购得的古春申君庙址和明代尚书吴宽的复园故址，用 7 年时间改建而成的，文化灵气特别浓郁。

我住的这个楼叫作"过云楼"，化用自苏轼语。他说书画之于人，"譬之烟云之过眼，百鸟之感耳，岂不欣然接之，然去而不复念也"，我挺认同的。而且我早就明白，作为古书，我肯定是会一直漂流的，遇到顾文彬这样的主人偷着乐就行了。外面还有个花园叫"怡园"，是取自《论语》里"兄弟怡怡"之意，这名字起得也挺好。后来顾家这些后人也都对我挺好的，尤其是顾承和顾鹤逸，可惜他们活得都不算久。

后来时局纷乱，我也颠沛流离了好一阵子，好在一切都尘埃落定了。仔细想想，光阴者百代之过客也，我与顾氏跨越了多少时间才得以碰面那些年。过云楼翰墨书香，相信在书籍和藏书人心中都难以忘怀，我会永远记得那里，此心安处是吾乡。

**过云楼**是江南藏书翘楚，有"江南收藏甲天下，过云楼收藏甲江南"之美誉。过云楼第一任楼主顾文彬视书画为生命，提出了书画收藏十四忌，他说："书画乃昔贤精神所寄，凡有十四忌，庋藏家亟应知之：霾天一，秽地二，灯下三，酒边四，映摹五，强借六，拙工印七，凡手题八，徇名遗宝九，重画轻书十，改装因失旧观十一，耽异误珍赝品十二，习惯钻营之市侩十三，妄摘瑕病之恶宾十四。"

如今过云楼被单独辟为艺术陈列馆，旁边同属顾氏大宅的怡园也开放供游人欣赏。**怡园**由顾文彬第三子顾承主持营建并参与筹划。由于建园较晚，怡园博采诸园之长，别具一格。在苏州众多园林中，怡园大隐隐于市，但走进可一窥顾氏雅好，寻觅文化剪影。

**地址**：干将西路 2 号

**交通**：地铁 1 号线、4 号线乐桥站

笑吾具歸歟
俯不怍於人

丙寅夏立
吴藾牙書

吴縣吕大徽書

易郁攝

208

# 曲园的牡丹听了多少悄悄话

俞樾与夫人文玉一生搬了30多次家，最好的时光是在曲园度过的，那是他给她的真正意义上的家。如若家中没有一位贤惠的夫人，俞樾大抵也不是我们现在看到的俞樾。

文玉是俞樾青梅竹马的表姐，1839年，俞樾19岁，他与这位打小就定下娃娃亲的童年伙伴成了婚。洞房之夜，他写下了"但得登堂得佳妇，何妨攀桂缓明年"一抒喜悦之情。两人虽然情深意重，但碍于家境窘迫，无奈辗转流徙，俞樾不得已和妻子在岳父家住了一段时间。没能力给妻儿一个真正的家，俞樾满心愧疚。文玉却善解人意安慰他，"吾终当与君创造一好家居耳"。

后来，俞樾经历了考学、做官、四处教书，始终在漂泊，文玉从无一句怨言。1869年，在好友潘祖荫的劝说下，俞樾一家搬入了马医科潘家的旧宅，此时他49岁，文玉50岁，6年后，他买下这块宅地，建成曲园，终于给了自己和家人一个安逸的居所。往后的日子里，俞樾仍是往返苏杭两地教书，文玉操持家务，虽然两人聚少离多，但有了自己的家，终究是不一样的，是内心一丝温柔的羁绊。只可惜，这样的好日子并没有持续太久，1879年，俞越从杭州回到曲园的第二天，文玉就病倒了，虽然气喘病年年都要发作几次，但这次却再也没爬起来。她与俞樾道别："吾不起矣，君亦暮年，善自保重。"

在曲园的日子虽短，却是无比美好的，没准园内的牡丹花还听过他们在春风沉醉的傍晚说下的一箩筐悄悄话。花落春仍在，天时尚艳阳。斯人已去，曲园的牡丹年年按时盛开。

---

**曲园**建于清代。由著名文学家、朴学大师俞樾于同治十三年（1874）购得马医科巷西大学士潘世恩故宅废地建造，作为起居、著述之处。曲园占地仅4亩，有春在堂、乐知堂、认春轩、小仃里馆等空间。1954年，俞樾曾孙著名学者俞平伯先生将曾祖故居捐献给国家。免费对外开放。每年4月下旬，曲园牡丹盛放，雍容华贵。

**地址**：马医科巷43号

**交通**：地铁1号线、4号线乐桥站

俞樾的学生包括章太炎、姚文栋、黄以周、谭献、缪荃孙、戴望等。

姚文栋：上海人，积官至直隶候补道，授二品衔。重视边疆史地研究，著有《筹边九论》。

黄以周：浙江定海人，1867年开始师从俞樾，曾任分水县学训导，后选处州府教授。曾主江苏南菁书院、宁波辩志精舍。为学以传经明道为宗旨。

谭献：一名献纶，字仲修，号复堂。浙江仁和人，同治举人。曾任歙县等地知县。1867年开始师事俞樾。工骈文、诗词。著有《复堂类稿》。

缪荃孙：字炎之，一字筱珊，晚号艺风。光绪进士。曾任翰林院编修、清史馆总纂。历主南菁、泺源、钟山等书院讲席。精于金石碑帖、版本目录之学，助张之洞编《书目答问》。著有《艺风堂集》《辽文存》《续碑传集》《顺天府志》等。

戴望：字子高。浙江德清人，1864年开始向俞樾执书问业，且"以丈人事俞樾"。晚年在金陵书局任校勘。著有《论语注》20卷，又有《谪麟堂遗集》4卷传世。

**曲园修好了，我和文玉终于有了自己的家**

1875年9月21日　00:01

♡怡园顾文彬，听枫园吴云，网师园李鸿裔，耦园沈仲复，留园盛康，明楼吴大澂，西圃潘遵祁，竹山楼潘祖同，半园沈世奕，拙政园张之万，章太炎，姚文栋，黄以周，谭献，缪荃孙，戴望

文玉：你看，我说过的，吾终当与君创造一好家居耳！

怡园顾文彬：恭喜俞兄！

戴望：恭喜师父师母！

姚文栋：🌷🌷🌷

缪荃孙：下次一定来姑苏拜访先生，还要请教先生几个问题！

黄以周：学生元同恭喜先生！

谭献回复缪荃孙：+1

# 耦园的 ǒu 没有草字头

当我还是孩子的时候，一度以为，耦园是个关于藕的植物园。

后来长大了一点，有了一点文化，开始知道原来耦园的"耦"没有草字头。

再后来，有了一点文化，又有了一点经历以后，发现耦园确实有点意思。

耦园原本也不叫耦园，叫涉园。转了几手以后，退休的沈秉成买了这套二手园，花了点心思改扩建。扩建期间，沈秉成带着夫人严永华借住在张之万的拙政园，整天沉浸在园林"顶流"里，审美自然非同一般。没有走传统园林的非对称样式，耦园从布局开始就有成双成对的意思。从入口门厅开始，就进入了耦园的中轴线：依次是偕隐双山、载酒堂和楼大厅。中轴线向西便是西园，往东则是东园，每个园子里都由一山一水一建筑的思路构造，一宅两园的格局很是分明。

要说小时候看不懂耦园，其实还是 get 不到耦园里的"狗粮"：东花园里，假山西侧有条樨廊谐音"妻廊"，水池东侧的筠廊则谐音"君廊"；樨廊无名亭中圆镜式漏窗的寓意是太阳，西花园鹤寿亭内的椭圆式花窗的寓意是月亮，形成日月对景；名为鲽砚庐的藏书楼，其名来源于砚台藏家沈秉成剖开一块内有鱼形纹理的奇石制成了两块砚台，和严永华一人一块，并取名鲽砚；还有那些秀恩爱过于明显的受月池、望月亭、双照楼……一切景语皆情语，嗯，爱情的情。

耦园住佳偶，城曲筑诗城。严永华的诗明示了这座园林的背后不止技巧，全是感情。她在 30 岁遇到了比她大 10 余岁的灵魂伴侣沈秉成，相携走过了 20 余年，验证了那句话：爱情可能会迟到，但是它永远不会缺席。

耦园三面环水，宅园总面积约8000平方米，外形方正，是苏州园林少有的比较规整的园林。沈秉成因病卒于耦园后，耦园也曾迎来一些名人入住，如清末四大家之一的朱祖谋、当代国学大师钱穆、科学家钱伟长等。此后耦园历经磨难，中部大厅一度毁于火灾，经过大力修复，得以恢复它本来的面貌。

**票价**：旺季25元/人，淡季20元/人

**地址**：仓街小新桥巷6号

**交通**：地铁1号线相门站

### 请假也要去结婚

What？结婚要靠抢的？是的，作为苏州最网红的结婚登记点（谦虚一点放个之一），也是首家设在园林内的婚姻登记服务中心，耦园婚姻登记点的预约号是要靠"手速"的。

如果也想沉浸式体验领证，这里有攻略。预约方式：江苏省婚姻登记在线服务平台（网址：jshydjxxw.gov.cn）/"江苏民政"公众号菜单栏"微服务"中"婚姻预约"——选择"结婚登记"——选择"苏州市"——选择"苏州市姑苏区民卫局婚姻登记处耦园登记点"。

### 当个喝茶群众还不行吗？

也不是非得结个婚才能感受耦园的浪漫，喝茶（吃"狗粮"）也行。

双照楼茶室位于耦园东花园主厅二楼，原为书楼，后来被改成了茶室。看书品茗，书楼变为茶室，非常合理。除了日常喝茶，茶室里还经常会有雅集，比如古筝、香文化表演之类。从茶室往外看可以看到园中的黄石假山。

PS：二楼茶室要点茶才能入座哦。

如果不想喝茶（花钱），赏花也行。耦园的花开得很大方，最有"心机"的是东园城曲草堂的院子里的一株山茶花。这株"老来俏"已经130多岁了，还有个别名叫"美人茶"。粉色的山茶花在万花丛中本不起眼，但花开时节正值冬天，别的娇花还在养精蓄锐，它率先拔得了头筹。

百年来，耦园目睹了沈秉成夫妇的思爱，充当了87版《红楼梦》里黛玉葬花的背景板，又见证了现代婚姻登记点的设立，继续着冬日盛放，春日谢幕的岁岁年年。

# 状元的爱情，不是说说而已

他是商人之子，她是花船姑娘；

他从小努力读书，"而立"之年便状元及第；她学习各种吹拉弹唱，但求能卖艺为生。

他官运亨通，顺风顺水；她身姿摇曳，飘零半生。

他是洪钧，她是傅彩云。他们的故事，要从花船上的惊鸿一瞥说起。

那年，洪大人回苏州老家为母守孝，百无聊赖偷跑出来透透气，不料年过半百，倒被一位情窦初开的小女子勾去了魂儿。

爱情的种子恣意发芽生长，他力排众议，毅然决然娶了这名风尘女子回家。于是，傅彩云成了洪三姨太"梦鸾"，住进了悬桥巷。

两情相悦总是美好的，连老天爷都会帮他们。光绪十三年（1887），洪钧作为中国历史上第一位状元外交家，出使俄、德、奥、荷四国。"公使夫人"这个尊贵的身份本是轮不到她的，好巧不巧，大夫人受不了洋人亲亲抱抱的礼节，二夫人又体弱，16岁的三姨太当仁不让，和洪钧一同踏上了3年的欧洲之旅。

接下来的3年里，洪大人在忙于考察国外政治、经济、文化的同时，一点儿也不忘照顾好身边的美娇娘：梦鸾住着小别墅，身边有洋用人伺候、属员站班，每天如鱼得水地穿梭在欧洲上流社会，连外文都学得有模有样。

夫妻俩收获满满。回国后，洪大人顺理成章地晋升了。只是好景不长，沙俄突然"耍赖"，不顾条约入侵帕米尔高原，洪大人遭众弹劾，抑郁成疾而终。

至此，洪大人与三姨太的短暂爱情走到了终章。失去大伞保护的她，才20出头，为了生计又不得不重操旧业，投身风流场。不管是后来的曹梦兰、赛金花，还是赵灵飞，姑娘的心中，可曾有过一丝丝不能长相守的恨意？

而对勇于追爱的状元郎来说，历历在目的卓远功绩中，能有一页刻骨铭心的爱情篇章，是否也希望能再多上一段，再一段……

居故钧洪

**洪钧故居**是 1868 年洪钧状元及第后所建，其及后裔五代人曾居住于此，为目前保存较完好的清末状元故居。洪钧开了中国史学界利用外国资料研究元史的先例，其与名妓赛金花（傅彩云）有过一段爱情故事。赛金花曾住过西路第五进（也有说第六进）堂楼。故居后门临河，原有廊桥，过桥就可以到蒹葭巷，洪均庄祠即位于葭萯巷 28 号。

**地址**：悬桥巷 27、29、33 号

**交通**：地铁 6 号线悬桥巷站

爆

妙龄少女闪婚五十岁大哥

是真爱还是另有隐情

悬桥邻居碎碎念：

热爱文学的小叶：情况么是这么个情况，具体什么情况还得看情况。

搞西医不搞中医的方嘉谟：没空，勿cue。

搞中医不搞西医的钱伯煊：没空，勿cue。

藏藏藏藏藏藏书家黄丕烈：别急，我去翻翻我100000000本藏书。别急啊，等我回来。

# 三 年 外 交 工 作
# 洪钧竟在柏林育有一女

胭脂

傅彩云同款

【嫁个好男人】

拼嘻嘻

爆款

洪大人娇妻梦鸳实名推荐

三十天勇闯欧洲大陆

十五天速成俄奥德荷

218

# 悬桥娱乐报

## 不会疼妻子的外交官
## 不是好书法家

洪钧题字
拙政园
『卅六鸳鸯馆』
楹额

## 洪钧
## 向朝廷建议

中国应当抓紧时机"修
明政事，讲究戒备"

## 状 元 面 对 面

## 揭秘洪钧与陆润庠之间
## 不得不说的红（洪）绿（陆）二三事

民国"侠妓"赛金花的传奇一生——曾朴谈《孽海花》创作历程

# 输掉一条街也不能输掉它

《繁花》里，胡歌饰演的宝总介绍黄河路的来历时，提到盛四公子，说他一个赌局输掉了一条街。这盛四公子就是留园曾经的主人盛恩颐。留园是盛恩颐的爷爷盛康告老还乡之时买下来的。盛康的长子、盛恩颐的父亲是李鸿章的幕僚、晚清首富盛宣怀。

儿子很成器，盛康就安心地退休修园，这一修修了三年。开园之时，朴学大师俞樾受盛康之邀，为其写下《留园记》，并给留园立下基调——长留天地间。

初极狭，才通人，复行数十步，豁然开朗。陶渊明肯定是没有来过留园的，但是留园修建的时候很难说没有致敬五柳先生。走进留园，首先进到的是停车场——轿厅，再往里走，是一条备弄。即使是这种江南民居常见的空间，留园也有自己的巧思。留园的备弄里有两个小天井，阳光透射下来和天井里的植物构成了光影相和的画面，原本昏暗无趣的备弄变得生动起来，这种迷你天井有个别名——蟹眼天井。

如果按照"网红打卡点"来梳理留园，那发打卡照片到小某书上，能更新一整年：江南最大的太湖石——冠云峰，这块石头还"配货"了旁边一圈的亭台楼阁；姑苏第一大平层——五峰仙馆，从梁柱到家具都用金丝楠木打造；一亿四千多万年前的"老古董"挂墙上——鱼化石，鱼子都能清晰可见……

留园的修建站在数千年前人的审美上，把螺蛳壳里做道场发挥到了极致——和中国四大名园其他三个相比，留园确实是个螺蛳壳。正因为它的小巧，才让人目不暇接。每一扇窗外设景，不同的景又搭配各式漏窗、空窗。不同的区域建造年代不同，却能在和谐的同时还营造出深浅层次。每一个

　　景点单独拿出来放到别家园林已经是一个镇园之宝，但是和别的景点组合起来又得到一个新的游玩体验，聚是一团火，散是满天星。

　　一谈起留园，似乎总离不开最后一任主人盛家的那些风花雪月：盛宣怀和胡雪岩的 battle（较量）、盛七小姐和宋子文的"错过"、盛四公子的挥金如土……数十年过去，当年的风云人事已经传为了八卦，唯有留下的这份世界遗产，让我们还能窥见当年首富家曾经是何等富贵风流。

在众多园林里，**留园**是唯一拥有一条以自己名字命名的马路的园林，甚至这条马路的前身五福路也是由原主人盛家拓宽而成的，盛康、盛宣怀都曾停棺在此，盛恩颐也病逝在这里的盛家祠堂。

留园除了有三宝（冠云峰、五峰仙馆、鱼化石）及各景点，更值得一提的是不同时间的花卉植物美景：三月适合打卡古木交柯的山茶瀑布，四月看木绣球、牡丹，五月拜倒在石榴花下，六月开始是荷花，到了九月，鸡爪槭、银杏就开始组团了，到了冬天又有蜡梅来"刷存在感"，总之季季不落空。

游览留园建议选择清晨或者傍晚，光影的变化穿过花窗、太湖石、假山，会呈现出来更加丰富的层次，更能让人感受到造物者的鬼斧神工。

**票价**：旺季 55 元 / 人，淡季 45 元 / 人，需实名制预约购票

**地址**：留园路 338 号

**交通**：地铁 2 号线石路站

# 一碗面，传承百年

苏州人的一天是从一碗面开始的。一家家老字号面馆的背后都有一段关于传承的故事。始创于清光绪二年（1876）的姑苏老字号"裕面堂"也不例外。

裕面堂一开始只是一家没有名字的小面馆。当时苏州人郁根士擅长做饭，汤面做得尤其好，就在阊门南濠街（今石路南浩街）设铺经营面馆，深受姑苏百姓喜爱。久而久之，他们家的汤面被大家称为"郁面"。1883年，光绪二年举人、授内阁中书、曾两度调礼部任职的尤先甲丧父归里，慕名而来，成为常客，一日兴起玩"谐音梗"，题写"裕面堂"。裕，兼有丰富、宽绰，以及从容、不紧张费力的意思。渐渐地，裕面堂的一碗传统苏式汤面成为苏州人生活里的一部分。当然，当时的苏式汤面是没有那么多浇头可供选择的，人们点得最多的还是阳春面。越是简单，也越能考验厨师功力。好景不长，1937年，苏州城内外因为战争一片狼藉，裕面堂面馆也毁于一旦。

创始人郁根士次女郁珍荣在92岁高龄时回忆起当年的往事，仍旧悲痛难以自已。恢复裕面堂是她毕生的心愿。临终前，她嘱托亲人有机会一定要将面馆再开出来。

2015年，郁珍荣外孙姚明杰放弃了外贸本行，一门心思扎进了厨房，亲自吊汤，亲自烧焖肉，只为完成外婆的心愿，甚至把儿子小姚也"忽悠"辞了职，全身心投入开面馆。为了保证面馆品质，老姚直接承包了养殖场和鱼塘，鸡和螃蟹的出品由自己从源头把控。于是有了我们现在看到的阊门附近的裕面堂。刚开业的时候，苏州市面上走精品路线的面馆还不多，三虾面、蟹粉面、秃黄油面这些精细吃法还没遍地开花。裕面堂的出现，让吃面这件事更有仪式感了。郁老先生一定想不到，自己当年的面馆历经百年，如今又在原址一河之隔的地方，重新回到了苏州人的生活中。

**裕面堂**店里秃黄油面、蟹黄面是招牌，可以要求服务员帮忙拌匀。周末吃的话尽量早点去，这家总排队。节假日店内会有一些演出互动，比如评弹、昆曲、苏绣体验之类。

**地址**：姑苏区南新路77号

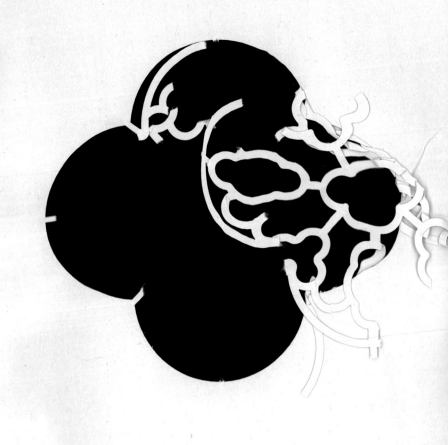

理想永远响亮

民国

三

一声枪响
牵动更多的热血
这里不乏名士、大家与传奇
这里见证思想与灵魂的碰撞
历史在这里拐了个弯
新的篇章明媚而嘹亮

# 复兴之路，

## 苏州从未缺席

在风起云涌的变革思潮洗礼下，

1903 年深秋，那个叫朱梁任的苏州奇人与包天笑、苏曼殊等 18 个热血青年一起，登上西郊狮子山顶，挥舞旗幡，抛撒纸钱，"吟诗歌唱，鸣枪警示"，进行了一场"招国魂"仪式。旗帜上绘着一头雄狮，寓意为中国这头东方睡狮已醒，将一吼惊人。

狮吼是觉醒的呐喊，更是正义的抗争。苏州的爱国革命运动由此发端，此后从未缺席。

朱梁任是吴县人，早年东渡日本，加入同盟会。1909年秋天，他和柳亚子、陈去病等作为主要发起人，参加了于虎丘张公祠举行的南社成立聚会。朱梁任博学多识，一生热衷于研究和保护苏州文物古迹。1917 年，他邀请知名学者叶德辉主持，并共同出资深刻了沉寂600 多年，早已字迹漫漶的《平江图》石碑。

南社是成立于苏州，并以苏州进步文艺人士为主要初创班底的革命社团。这次聚会，后来被证明改写了中国历史，或者说，让中国历史在这个地方、这个年份，拐了个弯。会后，这群人怀着民族复兴的激情，穿行在末日帝国风雨飘摇的暮霭中，叱咤风云，薪火相传。

1925 年上海"五卅惨案"发生后，全国范围内掀起反帝爱国高潮，苏州学联与社会各界随之发起了声势浩

这群人怀着民族复兴的激情，穿行在末日帝国风雨飘摇的暮霭中，叱咤风云，薪火相传。

大的游行抗议活动，并踊跃捐款，救助上海同胞。后以退回的剩余款项在体育场东侧筑路，定名"五卅路"，并立路碑，"以资纪念国耻"。

这年9月，中共苏州独立支部在乐益女中成立，成为当时中共上海区委下属的9个外埠独立支部之一。此后，苏州人民在中国共产党领导下，从抗日战争到解放战争，一路栉风沐雨、浴血奋战，最终迎来光明。

在风起云涌的变革思潮洗礼下，苏州的经济社会发展也步入新的进程。

苏州的经济社会发展也步入新的进程。

# 重返章园，你可听见先生的讲课声？

出生于 1869 年的章太炎名炳麟，本是浙江杭州人，在其一生的革命与学术生涯中，与苏州结下了不解之缘。

鲁迅是太炎先生早年的学生之一。章氏逝世后，他撰写了悼文性质的《关于太炎先生二三事》，文中褒称"我以为先生的业绩，留在革命史上的，实在比在学术史上还要大"。后来人因此句常将太炎先生的业绩盖棺论定为"有学问的革命家"。

太炎先生一生的著名讲学有 4 次，分别在东京、北京、上海、苏州，其中苏州讲习为规模最大、最有规划的一次。

1932 年，章太炎先是在北京讲学，待到 8 月份，金天翮、张一麐等人在苏州发起讲学，邀请章氏来苏。从那时起，太炎先生每每往返沪苏之间，到苏州、无锡讲学。1933 年 3 月 5 日的《苏州明报》上载："又闻明日起，讲学五天，每日下午四时半，在公园图书馆楼上讲厅举行，留心国事者，可往听讲。"

没错，公园图书馆就是太炎先生常常进行讲学的地方——曾经的苏州公园中心花坛区有一座规模宏大的欧式建筑，名为吴县县立图书馆，可惜的是"殉难"于炮火当中，现已无残迹可寻。

除了苏州公园，曾经的沧浪亭省立图书馆也是章太炎讲学之处。那段时间，先生来苏讲学还曾下榻沧浪亭美专新舍，那时的美专就是现在沧浪亭畔的颜文樑纪念馆。

搬来苏州之前，太炎先生还曾"试住"过一段时间，当时就住在好友李根源的家中——十全街的曲石精舍。想象一下当年太炎先生乘着"特别快车"赶赴苏州，来到十全街李宅小憩，又沿着十全街一直走到十梓街再到苏州公园，不知先生会不会在聚精会神的讲学路上走错路而不觉呢。

到了 1934 年，年近 70 的太炎先生终于打算带着夫人汤国梨定居苏州。先是买下了侍其巷的"双树草堂"，但由于靠近机织厂喧耳不宁，又无后门不便避火情，于是在同年 7 月"寓于锦帆路五十号"，也就是现在的章园所在地，而后创办了以"研究固有文化，造就国学人才"为宗旨的章氏国学讲习会。

又过了两年，太炎先生在此终老，苏州成了一代国学大师最终的归宿。

章太炎之于苏州，自讲学始，以讲学终。

**章太炎故居**始建于1932年，是近代国学大师章太炎晚年藏书、著述、会客和生活起居的地方，他在这两栋中西合璧、清水砖墙、青色平瓦的洋房里度过了人生的最后两年时光。

2011年，章太炎故居被列为江苏省文物保护单位。2022年，苏州市委、市政府实施五卅路子城片区保护工程，章园被列为启动区项目。为了更好地弘扬国学精神，活化利用古宅建筑，故居修缮工作启动，重修房屋，加固结构，整治风貌。2023年，古吴轩书店接手运营章园，将其改造为一个集书籍阅读、文化传播、国学传承为一体的综合型人文空间，正式对公众开放。

**地址**：锦帆路38号

**交通**：地铁1号线、4号线乐桥站

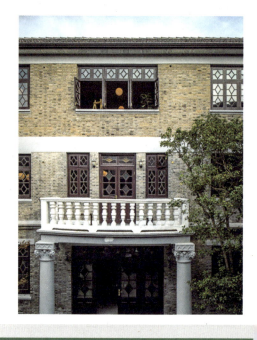

# 咖啡一杯
# 烦恼都飞

**携此书至古吴轩书店（章太炎故居店）制言咖啡打卡，可得一杯美式咖啡。**

盖章处

# "硬核大佬"在苏州的"种田文"

李根源的故乡是云南腾冲，第二故乡则是江苏苏州。

李根源出身武将世家，祖父官至清龙陵陆营千总，最后战死沙场；祖母巾帼不让须眉，饱读诗书。家风如此，李根源也是能文能武，相当硬核的一枚大佬。在来苏州之前，他干的每一票都很大：比如创办云南陆军讲武堂（朱德就是这个讲武堂的优秀毕业生），再比如参与发动了昆明"重九起义"，使云南成为第一个响应武昌起义的行省；再比如投身二次革命、参加讨袁护法斗争和北伐战争等。

但历史并不是一个人可以左右的，当时的世道很不好，野心家们"圈地自萌"，完全不顾民生多艰，个个只想当土皇帝，关起门来过自己的小日子。厌倦了军阀混战的李根源愤而退出北洋政府，带着全家搬到了苏州的十全街上，后来又去了藏书的小王山隐居，他发誓"永不离开苏州半步"。

李根源前后在苏州生活了 14 年，如果你以为人家就地开启了种种花种种草、写写书法遛遛鸟的退休生活，那就错了。这 14 年里，他做了很多事情。在小王山上，他植松树数十万株，精心营造松海十景。他还在这里办学，聘请了各位名师任教，吸引了众多政要和名流贤达。同时，人家也没忘记自己的小爱好，始终专心于史籍和金石的收藏，收书多留心地方文献，甚至还和张一麐、孔昭晋一起主持了《吴县志》的编纂。感念于他的恩德，藏书人民便尊称他为"山中宰相"。

但安逸的"种田文"日常并没有持续多久，在当时的社会背景下，"永不离开苏州半步"的 flag（目标）终于还是倒了。1937 年，日寇攻打苏州，他被迫离开了小王山，在往后的岁月里辗转于昆明、重庆、腾冲等地，再度为救国和办学而奔走，直至病逝才再度回到小王山。青山有幸埋忠骨，这一次，李根源真正在苏州歇下脚来。

**李根源故居**依次有门屋、客厅、起居楼、书房、庭园等。起居楼为中西式两层楼。如今大多已经改建。李根源手书题刻的井栏"九保泉"和石阶、碑石及手植丹桂仍在。1982 年，李根源故居被列为苏州市文物保护单位。

**地址**：十全街 279 号

**交通**：地铁 6 号线望星桥苏大站

233

# 住几日姑苏小院，当几天苏州人

　　中国古代文人常常在两种状态下切换——"仕"和"隐"。"仕"自然是在朝当官，当不了官或者仕途不顺利，那就"隐"。当然有人发明了第三种状态，即白居易的中庸之道——"中隐"。简单说就是躺平，拿着工资当个闲差，等一个机会。但是不管是大隐、小隐，还是中隐，在2000多年的封建社会中，文人的居所早就超越了普通住宅的概念，是处世之道，是心之归所。

　　这类居所的最高状态叫作私家园林。它们都是园主人或者造园者的人生写照，如拙政园之于王献臣、留园之于徐泰时、沧浪亭之于苏舜钦、耦园之于沈秉成。这些古代"网红"自然是流芳百世，但更多的是2000多年中散落在苏州城里大大小小的院落。它们也有自己的故事，它们就是文化本身。

　　姑苏二潘，在姑苏城里无人不知，一个主商，一个主官，便有"富潘"与"贵潘"之分。明初，世代昌盛的"富潘"一族已从齐门外的祖宅移居到大儒巷安家，其所居住的宅第即端善堂——从平江路拐进大儒巷，不足百步就是。到了近代，五路七进的端善堂传至黄河水利专家潘镒芬手中，这里既是他的祖宅，也是他出生和终老之所，"端善"二字正是潘镒芬一生善言善行的写照。

　　2017年以后，潘镒芬故居进行修缮，以复原为主，保留了整个建筑的原有框架和木砖结构。木椽、梁架、斗拱……全都是老宅原装的。花厅里的两块明代青砖、雕花门楼与石库门也被保留了下来。而后，微园林与现代技术相融合的端善堂，以精品酒店的身份重新出现在大众视野。

　　老宅只会越放越旧，拂去尘埃才能重放异彩。焕新的端善堂巧妙嵌入了现代人的生活必要元素。在感受苏式生活的同时享受便捷的现代服务，这正是如今旅游中的稀缺体验。回廊、半亭、假山，听雨、闻香、品茗，清晨被鸟雀唤醒，在晨雾里循着青石板走走平江路，尝一碗刚出锅的小馄饨，赶在人潮到来之前当一回苏州人，做一场姑苏梦。

姑苏小院是深度探索苏州古城特色的酒店，升级打造小体量古建老宅、苏式传统民居等，让游客在精致服务中体会岁月沧桑。

### 姑苏小院·端善堂

地址：大儒巷 48 号

### 姑苏小院·敬彝堂

地址：东北街 116 号

### 姑苏小院·东花里

地址：东花桥巷 64 号

### 姑苏小院·平江里

地址：钮家巷百合弄 10 号

### 姑苏小院·仓西公馆

地址：混堂巷 20-2 号

### 姑苏小院·云林

地址：悬桥巷顾家花园 10 号

### 姑苏小院·宣州会馆

地址：吴殿直巷 8 号

### 姑苏小院·山塘人家

地址：山塘街腌猪河头 38 号

### 姑苏小院·万年桥

地址：胥门路 36 号

# 在园林流水间做个甜甜的梦

## 南园宾馆

这里曾是蒋介石二夫人姚冶诚女士与幼子蒋纬国的居住地，7号楼丽夕阁就是蒋家别墅。1952年这里成为苏州国宾馆。如今的苏州南园宾馆是园林别墅式建筑，由11幢楼和一个苏州园林明轩组成。

**地址**：带城桥路99号

## 吴宫泛太平洋酒店

酒店整体建筑以春秋吴宫风格为基调，汲取了中国古典建筑和苏州园林精华。300余间客房和套房拥有园林景致或盘门景区的秀丽视野。吴宫、盘门和古运河，构成了具有江南水乡风情的苏州古城地标。酒店毗邻4A级盘门景区，住店客人可在景区免费游玩。

**地址**：新市路259号

## Moxy 酒店

酒店的空间设计从姑苏古城的历史文化及江南水乡才子佳人的传说中汲取灵感，79间客房将工业时尚风格与传统国风相融合，打造出活力四射的潮流氛围。

**地址**：十梓街568号

# 沧浪亭畔的网红展馆，
# 陈丹青称它"一派风流"

早在 2014 年的秋天，在沧浪亭畔的颜文樑纪念馆里，与晚年的颜先生颇有渊源的晚辈同行陈丹青讲了一些意味深长的话。

民国一代的美术教学，今已远去，几乎完全失效了，徐悲鸿的北平艺专被迫搬出了王府井校尉营；杭州艺专也迁离了西湖旧址；上海艺专成了食品冷藏库，面目全非。唯有颜先生的苏州美专，被苏州善待，辟为美术馆。

当年陈先生说："出亭侧，即是全部石质的苏州美专故址，外观竟不见毁损，廊柱、破风、拱顶，如我在意大利所见罗马建筑，望之令人惊：中国有过这等堂皇的美术学院！便是在今之欧美，苏州美专故址也堪属高等，一派风流。"

学术上普遍认为，油画作为西方宗教传播的重要手段，早在明朝就进入中国了，只不过仅仅停留在皇室内部欣赏的地步。后来随着沿海城市的开放，上海成了西洋画教育的摇篮。颜文樑出生在绘画世家里，11 岁就临《芥子园画谱》走上绘画之路。颜先生从小即喜以实物作描绘对象，后又非常强调"真"。他认为"真"即是"透过对某一事物的再现……没有真就没有美，美要附在真实上面"。

颜文樑对油画色彩的贡献是巨大的。如今在纪念馆里我们还能看到颜先生自制油画颜料时所用的工具，而他在苏州美专开设的专业课程，也是具有开创性的。陈丹青直言不讳："我少年时失学而习画，自朋友处借得颜先生论油画色彩的小书，及今回想，是最为恳切的西洋画色彩理论著作，之后几代画家理论家不知写有多少色彩专书，均远不及于颜先生的那一册。"

　　如今走进"罗马大楼"，二楼的展厅里就展出着颜文樑的《厨房》《双塔》等作品，即使是外行人，也能从中感受到颜先生对色彩、对"真"的天真与恭谨的追求。大楼里朱红、钴蓝、浅豆绿的配色别具风格，既古典又新潮。苏州是何其风雅的地方。身处古城腹地的沧浪亭畔，颜文樑纪念馆安静但并不孤独，甚至被赋予了一些"网红"属性，参观、拍照的人不至于拥挤，但也人流不息。

　　君看沧浪之水清，流无穷！

　　君看沧浪水兮动，涌涌涌！

**颜文樑纪念馆**作为苏州美专（苏州美术馆）的原址，确实有许多值得一看的地方。

颜文樑纪念馆的主体建筑是颜文樑先生当年主持建造的希腊式教学大楼，俗称"罗马大楼"。它不同于一般的民国风格建筑，而是采用了灰色3层建筑形制，白色门窗，门口矗立着12根罗马柱，建筑宏伟庄严，保存非常完好，是苏州这座江南城市里非常独特的存在。

纪念馆常年陈列颜文樑先生的生平史料，包括他主持苏州美专时期所使用的教室、校旗、校徽、校刊等文献实物资料。这些展品不仅展现了颜文樑先生的个人成就，也反映了当时苏州美术教育的历史背景和发展脉络。

馆内还收藏了大量现代和近代的艺术作品，特别是以苏州籍以及曾在苏州地区进行过艺术活动的画家的作品为主。这些作品不仅具有很高的艺术价值，也丰富了纪念馆的展览内容。

**地址**：沧浪亭后4号

**交通**：地铁4号线三元坊站

# 这位老苏州是园林代言人，更是教育传承者

在苏州名门大家的璀璨星辰中，叶圣陶无疑是一颗耀眼的星辰。他出生于苏州，求学于苏州，执教于苏州，长眠于苏州。他这一生，都与苏州这座古城紧密相连。

他出生于悬桥巷，逛园林、听昆曲、听说书，都是再寻常不过的生活日常，苏州城的传统文化就这样深深浸润在叶圣陶的文学血脉中。透过叶老的文学作品，不难看出他对这座园林之城的深厚感情。虽说他只到过十几处园林，但园林中的一草一木、一砖一瓦都落在心里，并以此为题材创作了大量的散文和诗歌，其中《苏州园林》一文更是成了他代表作之一，妥妥的苏州园林代言人。

谈及叶圣陶，一定离不开"教育"一词。叶圣陶的求学之路始于苏州草桥中学，虽只有5年时光，但对叶圣陶而言，是知识积累与情感积淀的宝贵时期。他与顾颉刚、王伯祥等同学结下了深厚的友谊，共同组织诗社、创办刊物，锻炼文学创作能力。同时，草桥中学的教育环境也培养了叶圣陶独立思考和勇于探索的精神，他深刻体会到教育不仅仅是传授知识，更重要的是培养学生的品德和人格。这为他日后成为一位杰出的文学家和教育家打下了坚实的基础。

如今，苏州多所学校以叶圣陶教育思想为指引，"像叶圣陶那样做老师"，发展好每一位教师，培养好每一位学生，苏州教育的受益者正将教育的温暖之风一代代延续。

---

**叶圣陶故居**是叶圣陶于1935年秋用多年笔耕收入择地所建，后举家从上海来到此地定居。故居占地约530平方米，院门朝东向。1984年，叶圣陶将此处房屋捐赠给国家，拟给各地作家来苏州体验生活时小住。1988年冬天，苏州杂志社迁入此处办公。

**地址**：青石弄5号

**交通**：地铁4号线三元坊站

南宋时此地名为『渔隐』。清乾隆年间由光禄寺少卿宋宗元购得，继前人之志，取名『网师』，即渔夫、渔翁，表隐居江湖之意。

242

# 小心猛虎出没！

网师园含蓄，在车水马龙的十全街上毫不显山露水，只有几块小小的指示牌提醒了路人它的存在。古建专家陈从周将网师园誉为"小园极则"的典范。的确，网师园面积不大，是江南中小型园林的代表，但恰到好处地处理了空间尺度，建筑以造型秀丽、小巧见长。

谁能想到呢，这座温婉的园林，曾有猛虎出没。20世纪30年代，画虎大师张善孖与八弟张大千从上海来到苏州，借居网师园，张善孖因爱虎、养虎、画虎而出名，并且自号"虎痴"。在网师园居住期间，两人专门养了一头名叫"虎儿"的老虎，作为画虎时的模特，据说这老虎是正宗华南虎。

虎儿平时就在园子里自由行走，很喜欢吃夜宵，据说一次要吃一二十个生鸡蛋，为了不激发虎儿的兽性，两人给它准备的食物都是去除掉血水的肉。不知道是不是这个原因，虎儿的性格也确实温顺得像一只大猫，见了客人也会蹭来蹭去求摸摸，随主人迎来送往。殿春簃是网师园内一个相对独立的小院，也是当年张氏兄弟居住、创作的地方，院内书房、假山、花坛、清泉、半亭俱全，尽显造园的艺术。四十多年后，远在他乡的张大千回忆起当年跟哥哥在网师园"撸大猫"的时光，心生感慨，写下了这块"先仲兄所豢虎儿之墓"寄到苏州。目前殿春簃外的西墙上镶嵌的碑正是张大千的手迹，也是当年埋葬老虎的位置。

猛虎不再，园林依旧。

**网师园**是我国江南中小型古典园林的代表作品，始建于南宋淳熙年间，原为南宋侍郎史正志退居姑苏时所筑的一座府宅园林。

**票价**：旺季40元/人，淡季30元/人

**地址**：带城桥路阔家头巷11号

**交通**：地铁5号线南园北路站

**网红玉兰**分布在整个园子里，万卷堂前、露华馆旁、梯云室后均有种植。万卷堂前是白玉兰，梯云室旁是最"出圈"的二乔玉兰，露华馆外是黄玉兰。园林的玉兰相比别处的玉兰属实是不大一样的，门扉、屋檐、花窗的镂空处、斑驳的墙，任意组合就能搭配出绝美景致。

**引静桥**是苏州古典园林最小的一座石桥，虽然三步就能跨过，但在整个网师园格局中却起到了分割板块的作用，也是引领风光的一笔。站在桥上拍张照，网师园就算没白来了。

**殿春簃**无疑是网师园名气最大的，因为美国大都会博物馆中的明轩庭院，便是以此为蓝本按一比一的比例复制的。

如果嫌白天的网师园游客太多，想要来个深度游，便可以考虑**夜游网师园**。1990 年开始，网师园古典夜花园开放。这也是被联合国教科文组织推荐为苏州特定的旅游项目。夜晚的网师园恢复了私家园林的属性，游玩其间，仿佛踏进了一个平行时空里，步子都不敢大喇喇地走，生怕一不小心扰了人。游园过程中可以依次欣赏到昆曲、古琴、评弹等传统艺术。

**月到风来亭**三面环水，是全园视角最好的地方，也是拍照打卡的经典位置。

**露华馆茶室**原为网师园中的牡丹芍药圃，取名"露华馆"是出自李白咏牡丹诗"春风拂槛露华浓"。茶室南北通透，有穿堂风，盛夏的时候来也不会觉得暑热难耐。园子里安静的时候，可以听见鸟叫和风声。

**930 岁古圆柏**是苏州古城中最老的一棵树，有 10 米高，相传由第一代园主、南宋侍郎史正志亲手栽种。

# 出身江南第一读书人家，
# 他从垃圾堆里抢书

要说顾廷龙，得从顾氏家族说起。顾氏一支是唯亭人，明清以来，家中不少人中举，成了苏州的名门望族，还被康熙赞为"江南第一读书人家"。

生于这样的书香世家，顾廷龙也是"学霸"，民国二十年（1931）毕业于上海持志大学，次年进入北平燕京大学研究院国文系，专注于目录版本学研究，这为他后来长达65个年头的图书工作铺垫了前缘。

在顾廷龙的人生履历上，离不开"图书"二字。先是留校燕京大学图书馆做采访部主任，后来在张元济和叶景葵连写13封邀请信的攻势下，一起创办了上海合众图书馆。馆里的25万册图书他都一一浏览过，每一部书晚上不开灯都能摸得到。

也是在合众图书馆的时候，发生了一个关于捡垃圾的故事。1955年，上海造纸工业原料联购处从浙江收购了约200担废纸，顾廷龙连夜带人去垃圾堆蹲点，原因是这些垃圾里可能包含有线装书。后来，大伙儿在垃圾堆里灰头土脸干了11天，一大批珍贵史料被他们用黄鱼车、板车运了回来。当时和顾廷龙一起"捡垃圾"的后辈回忆说，顾老的两个鼻孔黑黑的，就跟烟囱口似的。

59岁那年，顾廷龙再次被召唤，这次是去上海图书馆当馆长。在这23年里，他主编了《上海图书馆善本书目》《中国古籍善本书目》《中国丛书综录》《续修四库全书》，可以说是从一个书堆里扎进另一个书堆里，一辈子都在和古籍善本、家谱文献打交道。

用顾廷龙自己的话说，他的工作其实很普通，归结一下只有六个字：收书、编书、印书。然而就是这六个字，贯穿了一代古籍版本学、目录学泰斗的一生，也为后世留下了一大批"藏之深闺人不识"的图书宝藏。

**顾廷龙故居**在苏州望星桥堍，宅子是其祖父在民国四年（1915）时购得的，名为复泉山馆。

老宅建于清中期，院内原本有个青石井栏，其中的古井为南宋绍定年间所建，明代院主顾宗孟在井栏两面分别题刻"顾衙"和"复泉"，意为在顾宗孟宅内重新疏浚了这口古井。到了顾氏家族，顾廷龙将井栏题刻拓下装成册页，并于1981年将井栏捐献给苏州博物馆。现存的宅子坐北朝南，东西三路，古色古香。虽经历时光变迁，但书香门第的气韵一直浸润着姑苏古城，经久不衰。

故居东边的叶家弄曾住着南宋词人叶梦得，西边的严衙弄因明代大学士严讷居住于此而得名，北边的弄堂名为苏公弄，因附近的定慧寺曾是苏东坡饮酒赋诗之地，不远处还有清代诗人袁学澜的故居。

**地址：**十梓街116-3号

**交通：**地铁6号线望星桥苏大站

# 走出舒适圈，从富家子弟到"国民岳父"

九如巷是从体育场路拐进去的一条小巷，东边紧挨着乐益女子学校，西边就是章太炎故居。这条充满历史感的小巷既听过张家四姐妹儿时唱的打泡戏，也见证了侯绍裘、叶天底、张闻天等共产党员奋斗的足迹，以及四连襟在此徘徊等候的身影……九如巷知道太多的故事。如今九如巷仍有张家后人在此居住。

**交通**：地铁 4 号线三元坊站

1917 年，寿宁弄八号迎来了新主人。

张武龄本是合肥张家人，淮军名将张树声的长房长孙。也许是耳不聪（重听）目不明（近视）的缘故，他远离了张家祖辈的勇武，长成了一个嗜书好读的文弱书生，平生三大爱好，看书、听曲、拍照，最恨赌博，之所以从合肥"出走"也是这个原因。他眼看着自己的家族中人恶习滋生，几经思虑后毅然决定举家辞别祖居，一来是想走出舒适圈，二来老张也有点自己的梦想。

原本打算在上海石库门定居的，结果没住几年，因为大门口惊现炸弹，张武龄带着全家老小再次启程迁往苏州。先于寿宁弄落脚，后搬至九如巷。

老张全家对苏州都很满意，没事儿便去养育巷的全浙会馆听听昆曲，再到观前街买书，精神世界得到了最大限度的满足。接下来就该着手实现梦想的事儿了。

老张的梦想是办学，打造幼儿园—小学—初中—高中—大学的完整教育体系，高标准严要求的老张甚至都想好了，大学的标准咱就对标隔壁上海，办一所苏州自己的"复旦"。但事实证明，办学不是件容易的事。老张真正办成并坚持了 17 年的只有乐益女中，甚至为此变卖祖产宅院。

老张的一生都在提倡重视女子教育，乐益虽为私立学校，但并不以创收为目的，每年都有十分之一的免费入学名额，留给贫困人家的女孩子。也正是因为对女子教育的重视，老张的四个女儿都十分优秀，并称"张家四姐妹"，是叶圣陶口中"谁娶了她们都会幸福一辈子"的民国才女，名气甚至可与"宋氏三姐妹"一较高下。

大概是知道女儿总有一天会离开家的，"国民岳父"老张给四姐妹取的名字里都有两条腿，"元""允""兆""充"，希望她们无论身处何处，永远具备独立行走的能力和勇气。事实证明，张家四姐妹不仅用双腿走出了家门，更是走出了一番属于自己的天地。后来，张家二小姐允和在晚年曾这样回忆：在苏州，我们度过了一生中最幸福的日子。

# 来古城打卡民国建筑群，一键 Get 觉醒年代风！

青瓦红砖的民国建筑自带独有的年代风华，犹如一颗颗珍珠，散落在古城的各个角落里，等你来打卡。

### 天香小筑

苏州图书馆内藏有一座隐蔽的小园林，名为天香小筑，建于民国初年，原为民国初年从事金融业的金氏的宅第。现存建筑呈"回"字形格局，有大厅、主楼及东西两厢楼，三幢楼组成"品"字形，园中堆土叠石为山，砌石阶小径，树木葱茏，为苏州图书馆的一部分，是一座书香味正浓的园林。

交通：地铁4号线三元坊站

### 东吴大学

东吴大学是苏州大学的前身，创建于1900年，属于我国最早建立的现代高等学府之一。校园里的钟楼、红楼、精正楼、维正楼、维格楼、子实堂、博物馆、"春晖、夏润、秋韵、冬瑞"组楼、崇远楼、敬贤楼、文星阁、日新楼、月异楼、览秀楼、蕴秀楼等欧式风格建筑均入选"第四批中国20世纪建筑遗产名录"，可预约进校参观。

交通：地铁6号线望星桥苏大站

### 长鎏村

长鎏村位于阊门下塘，南起东角墙，北至前同仁街，东至官弄，西至久福里，建于民国初年，为仿上海里弄式公共住宅建筑群，现存五幢青砖二层民国建筑，包含新式石库门住宅和新式里弄住宅两种建筑形制。

交通：地铁 4 号线北寺塔站

### 博习医院旧址

1883 年美监理会创办"苏州博习医院"，由柏乐文、蓝华德两位美籍医生主持，是苏州最早的一家教会医院，在当时远近闻名。医院的三层砖楼均用金砖砌造，砖上刻有"光绪十五年成造细料二尺二寸见方金砖""监造官江南苏州知府魁元"，还有"徐子卿窑""王保泰窑"等字样，实为罕见。

交通：地铁 6 号线望星桥苏大站

### 圣约翰堂

圣约翰堂位于苏州大学本部西校门外，是苏州最早的著名的基督教堂，与圣约翰堂建筑同一图纸同一结构的圣约翰堂全世界只有三处，一座在美国圣·路易斯，一座在日本神户。它与洋学堂东吴大学（苏州大学前身）、洋医院博习医院（苏州大学附属第一医院前身）一起被称为天赐庄的"三洋"。

交通：地铁 6 号线望星桥苏大站

### 墨园

始建于 20 世纪 30 年代的墨园,现位于人民路上的苏州阊门厂内。1931 年,北伐军将领顾祝同委托苏州著名的裘松记营造厂建造宅园建筑,起名"墨园",因顾祝同字"墨三"。园名不但融入园主之名,还彰显了翰墨飘香的文化品位,可谓一举两得。

交通:地铁 4 号线三元坊站

### 承德里

承德里建筑群位于观前街西部,为海派里弄式民国住宅建筑群,1931 年由庆泰钱庄老板叶振民发起投资,组建"承德银团"入股集资兴建,故名承德里,以前也有叫作"叶宅承德里"的。

交通:地铁 4 号线察院场站

### 万宜坊

万宜坊旧名三寿里,房主李晋三。1945 年被上海巨商汪洪生买下,因汪洪生在上海有房产名叫万宜坊,故改名此处为万宜坊故居。

交通:地铁 1 号线养育巷站

这条 406 米的小巷，装着杨绛一生中的美好

庙堂巷全长只有 406 米，宽两三米，却装下了杨绛 9 年的青葱岁月和快乐时光。她说，在庙堂巷，"父母在，兄弟姐妹在。有花，有树，有流星。还有，无穷尽的爱"。

据说当年杨绛的父亲杨荫杭在担任民国江苏省高等审判厅厅长兼司法筹备处处长的时候来过苏州，几年后便携全家到苏州定居，看中的一处住处正是位于庙堂巷 16 号的一文厅。

走在庙堂巷里，时间仿佛停滞了，低矮的平房上开了一扇扇木头搭的窗，石板路上偶尔走过两三路人，不一会儿就消失在小巷尽头，小巷远处还可以看见高高的楼房。百年以前，这块街坊曾是官署集中之地，格局上基本延续了明清以来的名称和走向，保留着姑苏古城的文化和风貌。

从无锡老家来到苏州庙堂巷的时候，杨绛才刚过 12 岁，正是无忧无虑的美好年纪。那时父亲整日忙着修葺宅院，还给宅子起了个新名字"安徐堂"，请清末状元张謇来题了匾额，让本就是书香名门的故宅重新焕发出生机。年少时期的杨绛就在后花园的一年四季中慢慢长大。花园里有棵大杏树，父亲为杨绛在树下绑上了一个大秋千，还在园子里添了很多花果树木。杨绛在花园里追蝴蝶，在秋千上看书，在这个小小世界里尽情享受着家人的爱和陪伴。

杨绛家住在庙堂巷，中学读的是振华女中（苏州第十中学前身），之后又考进了东吴大学（苏州大学前身）文理学院政治系。大四最后一学年，因学校闹学潮罢课，杨绛转到清华大学旁听，之后在校园里结识钱钟书的爱情故事大家便都知道了。

后来，杨绛和钱钟书的婚礼，还是回到庙堂巷 16 号举行的。

这条小巷虽然只陪伴了杨绛不到 10 年的光阴，却承载了她一生中最纯真的美好时光，也成了杨绛 105 年人生中的难忘记忆。

当年杨绛居住的一文厅已无从找起，走进**庙堂巷 16 号**，一块写有"忠仁祠"的石碑立于居民楼下，身后便是古宅。这个一文厅颇有来头，它是一处明代建筑，据传明代苏州百姓反抗魏忠贤，在朝为官的苏州人徐如珂为家乡民众挺身而出，却被魏忠贤削籍归里，于是百姓为了感谢他，一人捐了一文钱，在庙堂巷建起居所为他养老。一文厅由此而来，有雕镂精致的砖刻门楼，现为苏州市文物保护单位。

**交通**：地铁 1 号线养育巷站

# 贝老说，让自然融入建筑，让光线来做设计

它是一处融合了江南民居、古典园林特色的建筑，它是世界建筑大师贝聿铭的"封笔"之作，它是苏州博物馆，苏州的一处地标性建筑。

设计师到底是苏州人，拿捏江南的精髓不在话下。苏州博物馆由一个主庭院和若干小庭院组成，布局精巧。八个角的大厅是核心所在，按照它的导向可以走向博物馆所展区。屋面形态的设计突破了中国传统建筑"大屋顶"在采光方面的束缚，玻璃、开放式钢结构可以让室内借到大片天光。简单的几何线条通过光线，可营造出光影的变化，于是景色随脚步变，随视角变，随心情变，随季节变。

大厅北部的庭院是全馆的点睛之笔，通透玻璃钢筋建筑与铺满鹅卵石的池塘、片石假山、八角凉亭……满眼都是清秀的人文气息和神韵。米芾的画是贝聿铭设计庭院山石布景的灵感，对于一个从小在狮子林长大的人来说，这是熟悉的、深刻骨髓的东西，"借以粉壁为纸，以石为绘也"。为了找到合适的石头，贝聿铭跑了很多省份，最后才选中了泰山余脉的石材。这种石头晴朗干燥时是淡灰色的，下小雨时又是深灰色的，雨势大了就变成了深黑色，就像中国画对墨的运用。

每年春天，苏州博物馆忠王府卧虬堂前的紫藤按时开放，这株由明代文人文徵明手植的紫藤与太湖奇石"冠云峰"、光福"清奇古怪"四棵古松并称"苏州三绝"，如今走在紫藤花下时依稀能感受到四百多年前江南雅士的文气，是一株"活的文物"。贝老特地在博物馆的茶室也选了一棵文徵明手植紫藤枝蔓嫁接过的紫藤，以示苏州文脉的传承。

**苏州博物馆**本馆由世界建筑大师贝聿铭设计，以"中而新，苏而新"的设计理念，融建筑于园林之中，藏品总数超 25000 件 / 套，以历年考古出土文物、明清书画和工艺品见长，对公众免费开放，需实名制预约入场。位于出口处的太平天国忠王府为首批全国重点文物保护单位，是国内保存至今最完整的一组太平天国历史建筑物。

**地址**：东北街 204 号

**交通**：地铁 6 号线拙政园苏博站

# "镇馆之宝"

### 银杏木彩绘四大天王像内函

银杏木彩绘四大天王像内函是宋代时期文物，是一座绘有精美四大天王像的银杏木函，用于存放真珠舍利宝幢。距今已有千年，但仍是色彩斑斓，是一件极其珍贵的艺术珍品。

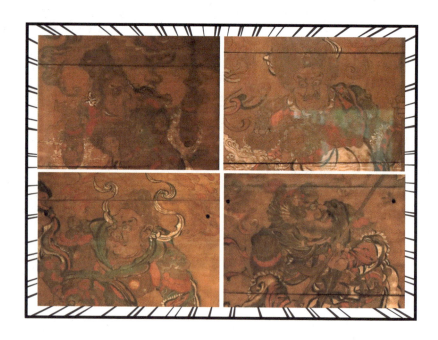

### 五代秘色瓷莲花碗

五代秘色瓷莲花碗是五代时期的陶瓷文物。目前秘色瓷存世数量非常少，传世即为珍品。五代秘色瓷莲花碗将佛法与古典文化完美融合，是越窑青瓷代表作品，堪称"秘色瓷"中的艺术珍品。

### 吴王馀眛剑

吴王馀眛（又作馀昧）剑是春秋时期文物，是目前出土先秦兵器中铭文最多的一件。剑身共有铭文 75 个，且保存完好。

### 真珠舍利宝幢

真珠舍利宝幢是宋代时期文物，2013年在中国国家博物馆《国家人文历史》栏目中，宋真珠舍利宝幢被评定为我国"九大镇国之宝"之一。

### 推荐打卡机位

大厅竹林；山水庭院；门口可拍游客照；各花窗处。

### 推荐文创

苏博的文创更新很快，经常会有很多有意思的小玩意。比如以"吴王剑"为灵感设计的"大宝剑"玩偶。要说热度居高不下，基本要靠手速抢的，是"文衡山先生手植文藤种子"，毕竟谁不想沾沾文气呢。

"大闸蟹！刚从湖里捞出来的大闸蟹！足斤足两钳子还夹手的大闸蟹来咯！"在店员的手里，你可以沉浸式体验大闸蟹从"捕捞"到"绑绳"到进蒸笼"蒸熟"的全过程，情绪价值拉满！

# 苏州人的绝美家底，都在博物馆里！

苏州有着 2500 多年的建城史，历史文化遗存丰厚，街道巷陌林立着大大小小的博物馆，或承载厚重历史、印刻苏州记忆，或讲述动人故事、诠释江南文化，"一城百馆、博物苏州"的文化品牌越发为人熟知。

## 苏州中医药博物馆

中国第一家中医博物馆——苏州中医药博物馆原为明代苏州状元宰相申时行的古宅"春晖堂"，取中医药"杏林春晖，治病救人"之意，于 2002 年开馆。博物馆布局以历史发展为纲，由图版、文物、书籍、场景复原等展线铺开，形象反映了吴中医学各个历史时期中医药发展的概貌及成就。

交通：地铁 1 号线养育巷站

## 苏州生肖邮票博物馆

苏州生肖邮票博物馆位于山塘街明代吏部尚书吴一鹏故居玉涵堂西一路，馆内藏有 1950 年以来五大洲 100 多个国家和地区发行的全部生肖邮票和部分生肖邮品，是收藏、展示和利用生肖邮票、研究传播生肖文化和生肖集邮的专门博物馆。

交通：地铁 2 号线山塘街站

### 苏州园林博物馆

在苏州博物馆和拙政园之间，有一座苏州园林博物馆。这座由拙政园南部住宅改建而成的中国第一座园林专题博物馆，将苏州园林精华尽收囊中，也是唯一一将苏州园林先拆开，然后又组装起来让你看的博物馆。

交通：地铁6号线拙政园苏博站

### 苏州教育博物馆

苏州教育博物馆位于苏州古城区已有百年历史的古典园林柴园内。柴园原为清代道光年间苏州"贵潘"家族潘曾琦的宅园，光绪年间由浙江上虞柴安圃重修扩建，后被称为"柴园"。苏州教育博物馆的展品中包括知名教育家、学校，以及各种古老的教学工具、课本和文具等。

交通：地铁4号线三元坊站

江南的绵绵细雨滴滴答答
轻轻拂去空气中的烟尘
像谢幕后的平静
似狂欢后躺在柔软的草地上
姑苏在雨水中重回画卷之中

# 2500 岁，正青春！

她是江南古镇，是小桥流水，是吴侬软语的腔调，还是纤纤玉手撩拨琴弦飘出的音符。

初始时是怦然心动，继而是魂牵梦绕，最后则是割舍不断。

来得多了或者待得久了，"姑苏"二字从苏州园林具象成了卅六鸳鸯馆里蓝色琉璃窗后的粉色月季，变成了初夏七襄公所墙上倾泻而下的蔷薇瀑布，变成了冬日下雪后平江河两岸白色的屋檐……"姑苏"二字的内涵实在过于庞大，细节太多太多了。

"姑苏"二字，总会在某个瞬间触动在格子间里锻造的钢铁般的心弦。

于是，在某个早上，会有人去面馆赶一碗头汤面；在下雪时，会有人不顾严寒冲到石板路上拍照；在下雨时，会有人去种植着芭蕉的角落里静静地坐着；会有人为了"青砖伴瓦漆"的 BGM 而来；会有人为了"你一句春不晚"的转场而来。圆一个简单的梦想，或者除一点"班味儿"。

所以，当这个选题诞生的时候，编辑部的年轻人们想~~再扔回去~~无比地高兴。姑苏历史大概要超过 2500 年。作为行政范围，她却是苏州最年轻的区。我们一方面想把自己的偏爱展示给更多人，另一方面又怕更多人来冲淡了那份独属的体验。就这样，带着淡淡的矛盾和冲撞感，这本书启动了。以时间为轴，试图拾取 2500 多年中有意思的节点。

作为以苏州为大本营，在江南文化肥沃土壤中成长的团队，主创们的图库里有留园的春夏秋冬，有平江路的下雪下雨，有山塘街的日出日落……即便这样，一年去十几遍的园林，大家还是在近 40℃的高温里去了一次又一次，只为拍到一张合适的照片。

起初，项目统筹只是想做一本单纯的书，但这与青春气息洋溢的主创们发生了冲突。

从接到选题的第一天起，到下印厂的这一刻，编辑部里从没有停止过"争吵"。

"为什么我选的这个点删掉了?"

"为什么不用我说的形式展现?"

"为什么只给了这么小的篇幅?"

有时为了夹带自己的"私货",俩男人甚至争得面红耳赤,足见"姑苏"二字在大家心中的分量。毕竟老男人的脸红胜过一切情话。

整个项目周期里,统筹用来调停最常说的一句话是:同志们啊,你们的爱是无限的,但我们的版面(预算)却是有限的。

就这样,经过不断的加法和更少的减法,这本书从薄变厚,从一本单纯的书又衍生出一套文创产品。为了消耗过剩的脑细胞,设计师甚至还画了个限量版的小册子。最终样书出炉的那一刻,统筹抱在手里淡淡地说:我不单纯了。

这本书付印之际,要感谢姑苏区多个部门所给予的信任和支持,感谢各位摄影师们贡献的大作。我们虽然一直致力于写点儿不同给读者看,但毕竟势单力薄。你们的加持给我们增添信心,更重要的是让成书"蓬荜生辉"。

这是一个属于流量的时代,如果想着能与一块 6 英寸的屏幕争夺时间,那我们有点不自量力了。但作为一个在旅游类图书领域混迹了十几年的团队,我们还是想着它能够提供一点点情绪价值,哪怕只是一点点。这是我们的底线了。不能再低了!

所以为了讨你欢心,我们上了点手段,让这本书变成一个好玩(我们自认为)的产品。希望你在读到某段话时能微微一乐,或者真的产生了要去拍照的冲动,又或者读完后推荐给了朋友。那我们所熬的夜、流的汗、掉的头发、45 度角流下的泪,也就不枉费了。

在姑苏最美的季节即将到来之际,谨以此书献给正青春的这座城市,也献给正青春的你!

## 图书在版编目（CIP）数据

姑苏古城志：我把2500年的青春唱给你听 / 《姑苏古城志》编委会编. -- 苏州：古吴轩出版社，2025. 1（2025. 3重印）. -- ISBN 978-7-5546-2576-7

Ⅰ. K928.953.4

中国国家版本馆CIP数据核字第2025JM3252号

责 任 编 辑：戴玉婷
见 习 编 辑：王霁钰
装 帧 设 计：某只梅
责 任 照 排：王银梅
责 任 校 对：张雨蕊

书　　　　名：姑苏古城志——我把2500年的青春唱给你听
编　　　　者：《姑苏古城志》编委会
出 版 发 行：苏州新闻出版集团
　　　　　　　古吴轩出版社
　　　　　　　地址：苏州市八达街118号苏州新闻大厦30F
　　　　　　　电话：0512-65233679　　　　邮编：215123
出 　 版 　 人：王乐飞
印　　　　刷：苏州市越洋印刷有限公司
开　　　　本：889mm×1194mm　1/32
印　　　　张：9.125
字　　　　数：270千字
版　　　　次：2025年1月第1版
印　　　　次：2025年3月第2次印刷
书　　　　号：ISBN 978-7-5546-2576-7
定　　　　价：68.00元

如有印装质量问题，请与印刷厂联系。0512-68180628